CINE DE VAMPIROS
Un recorrido por el terror

Nota:
Las fotografías de este libro, que pertenecen a sus respectivas productoras y forman parte de su material publicitario, se han incorporado como un apoyo imprescindible al texto.

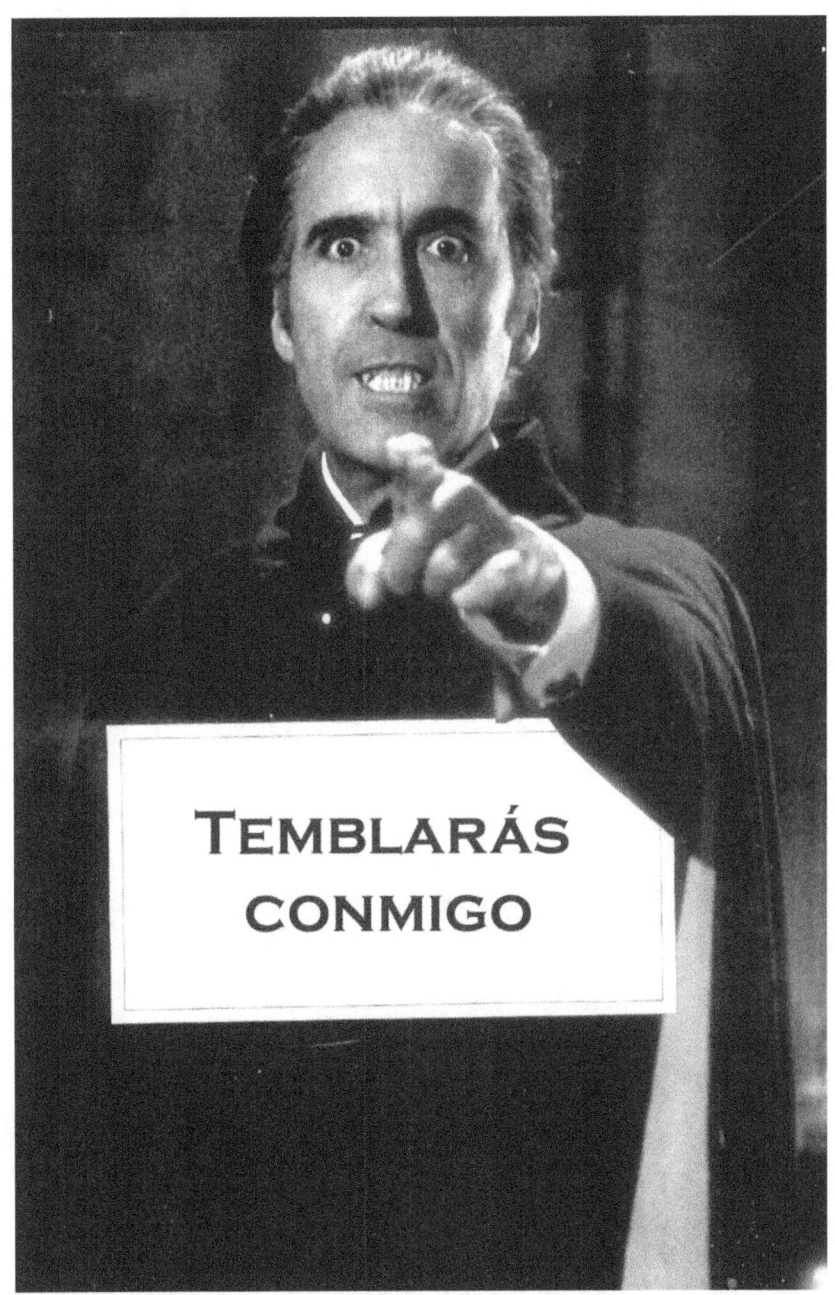

TEMBLARÁS
CONMIGO

CINE DE VAMPIROS

Un recorrido por el terror

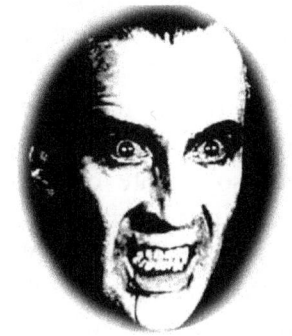

Autor: Adolfo Pérez Agustí

Introducción

Sería muy difícil imaginar un mundo sobrenatural y un concepto religioso más unidos durante el siglo XX que el vampirismo. Tanto es así, que cuando queremos alterar las creencias espirituales, el vampirismo sigue siendo el sistema más sencillo y físico, pues posee la menor espiritualidad de todas las manifestaciones sobrenaturales. Estas criaturas, salidas del mismo lugar que Satanás, insisten en el triunfo del sexo por encima de la muerte, de la carne encima del espíritu, y de lo corpóreo antes de lo invisible. Niegan casi todo, salvo la satisfacción de los sentidos por medios físicos, convirtiéndose su culto en la más materialista de todas las posibles supersticiones y religiones.

Y precisamente es esta palpable atracción lo que ha hecho al vampiro un lucrativo negocio para los directores de cine. Similares, pero moviéndose en mundos diferentes, los fantasmas, hombre-lobos, poltergeists y la mayoría de las otras apariciones sobrenaturales, pueden ocasionar desprecio e indiferencia entre los espectadores, dejando las butacas vacías. Estos engendros son tan poco humanos en su apariencia que es fácil no sentir temor ante las imágenes pues, a fin de cuentas, cuando salgamos del cine nunca se nos aparecerán entre las tinieblas. Sin embargo, el vampiro aparece también como una realidad en la literatura e incluso en la historia, lo que le hace más tenebroso si pensamos que las leyendas, en este caso, son casi realidad. Eso, y el deseo inaccesible de los vulgares humanos de ser inmortales e invulnerables, así como la necesidad de aterrorizar solamente con nuestra presencia, ha ocasionado que la atracción por los vampiros sea tan intensa.

El cine los ha mostrado siempre invulnerables a las balas (nunca a las estacas), rápidos, depredadores infalibles, sedientos de sangre y placer, al mismo tiempo que se nos aparecen justo cuando más desvalidos estamos, en la penumbra de la noche o en medio de nuestros profundos sueños. Por eso no es extraño que los vampiros formen parte indisoluble de todos nuestros temores, incluso cuando estamos despiertos. Dotados de la facultad de hacer inmortales a todos sus súbditos, y seductores irresistibles con el sexo opuesto, poseen un carisma que ha traspasado las fronteras de la leyenda y fantasía, pudiéndose emparentar sin problemas con la atracción que ejerce el diablo sobre los humanos.

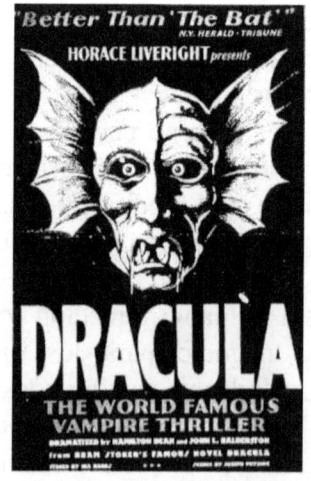

Hasta mediados de los años 50, el vampirismo estaba representado en las pantallas cinematográficas como un tema de serie B, apenas un entretenimiento sobrecogedor para las tardes de los sábados. De hecho, en esa primera época apenas si podemos encontrar dos docenas de títulos que merezcan estar en un libro como este. Indudablemente fueron importantes las películas de la Universal, inauguradas por Bela Lugosi en 1931 con "Drácula", pero al margen de este actor solamente encontramos algunas pocas películas de interés. Sin embargo, desde 1957, y durante un período de aproximadamente quince años y en al menos diez países (América, Inglaterra, Italia, España, México, Francia, Bélgica, Alemania, Japón y Filipinas), hay unas doscientas películas de vampiros que pueden ser juzgadas con interés.

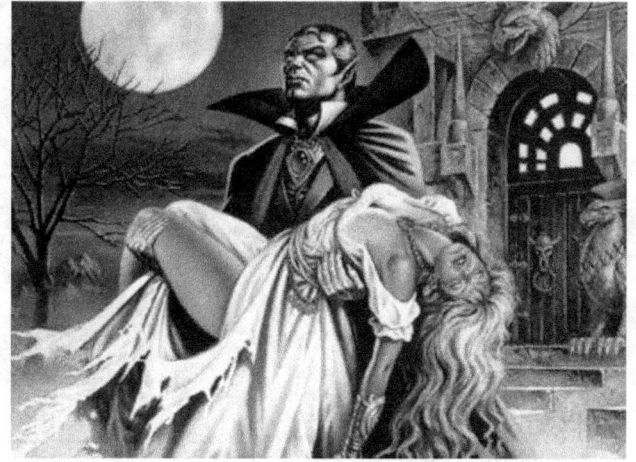

En estos filmes se reflejan preocupaciones y estilos culturales completamente diferentes y en algunos casos las técnicas de producción son igualmente dispares, preocupados unos por lograr cierta calidad artística, mientras otros lo estaban por disminuir al máximo los costes del rodaje, pues nunca estaban seguros del éxito comercial. Este deseo de lograr una ganancia rápida con mínimos recursos, proporcionó, sin embargo, algunos buenos títulos.

Esta puede ser la razón para el desencanto del público, y por eso en la década de los años 70 el tema de los vampiros empezó un rápido declive, casi tan rápido como su ascenso. Desde ese momento, el vampiro dejó de ser un tema comercial, cayendo la producción en el año 1974 hasta la sexta parte del año anterior. El lento éxodo de los espectadores hacia la televisión contribuyó a esta caída, del mismo modo que lo fue el aumento de la censura en cuestiones de sexo. Los desnudos (casi siempre femeninos) que habían formado parte indisoluble del mundo del vampiro, eran ya objeto de nuevas clasificaciones morales, y los jóvenes ya no podían acudir a ver su tema favorito.

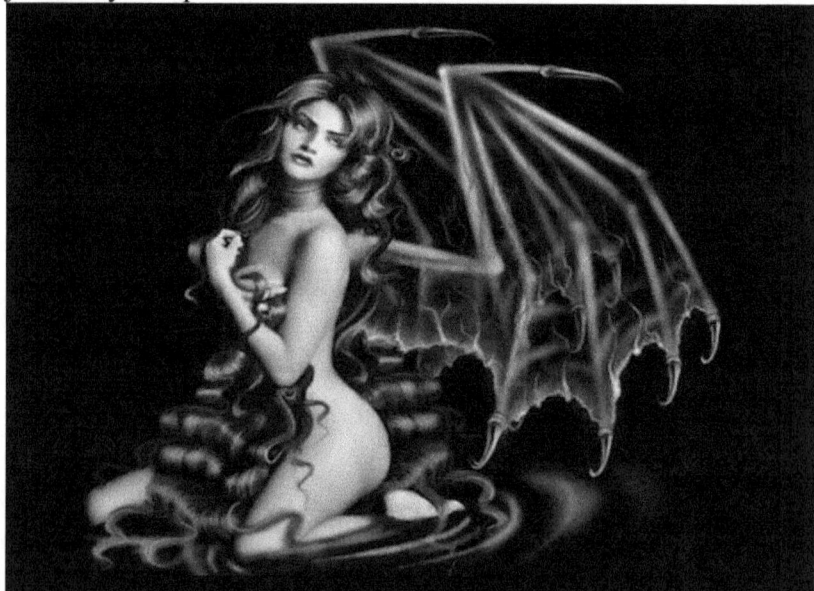

Ahora, apenas comenzado el siglo XXI, con las normas de censura un poco más suaves, el vampiro ha vuelto con más integridad histórica y mucha más violencia. Hay indudablemente más películas, pero la proliferación anterior ha desaparecido absolutamente. También ha cambiado el propio personaje, tan elegante, sombrío y poco hablador como Bela Lugoshi o Christopher Lee, cambiándonos por otros adornados por connotaciones gay, como Brad Pitt y Tom Cruise, o también tan hermosos como Kate Beckinsale, la Selene de

"Underworld", quien con su enfundado traje negro se parecía más a una roquera a bordo de una Harley Davinson que a una vampira tradicional. El espectador perdona estos extravíos, pero indudablemente la imagen tradicional del vampiro se deteriora, como ocurrió cuando Abbott y Costello se empeñaron en combatir a Drácula.

Los vampiros tradicionales, incluso aquellos mostrados por los estudios Hammer, eran muertos que regresaban para alguna venganza, pero dejaban en el espectador un margen para su propia fantasía, para que adornasen con sus temores lo que el filme no les mostraba. El inconcluso argumento ocasionaba que, posteriormente, cuando nos íbamos a dormir, los monstruos invadieran la habitación, ocasionando una duda sobre la conveniencia de seguir viendo este tipo de películas. Si pasábamos miedo, ¿para qué volver?

Clubes de aficionados a los vampiros

North American Organizations
Anne Rice's Vampire Lestat Fan Club
PO Box 58277
New Orleans, LA 70158-8277

Bite Me In The Coffin Not The Closet Fan Club
c/o Jeff Flaster
72 Sarah Ln
Middletown, NY 10940

The Camarilla
8314 Greenwood Ave.N
Box 2859
Seattle, WA 98103

Cheeky Devil Vampire Research Inc.
PO Box 7633
Abilene, TX 79608-7633

Club Vampire
c/o Riyn Gray
1746 Lugonia
Ste. 104 No. 223
Redlands, CA 92374

Communion
c/o Lament
628 Woodlawn Rd.
Steens MS 39766

Count Dracula Fan Club
29 Washington Sq. W.
Penthouse N.
New York NY 10011

Count Ken Fan Club
12 Palmer St.
Salem MA 01970

Dynamite Fan Club
PO Box 30443
Cleveland OH 44130

P.N. Elrod Fan Club
c/o Jackie Black
1201 Byrd, No. 39
Tishomingo OK 73460

Elvira Fan Club
14755 Ventura Blvd, No. 1-710
Sherman Oaks CA 91403

The Fan Gang
PO box 273895

Tampa FL 33688-3895
Forever Knight Fan Club
c/o Lora Haines
PO Box 1108
Boston MA 02103-1108

Gothic Society of Canada
465 Queen St. W.
Toronto ON
Canada M5V 2AG

Loyalists Of The Vampire Realm
c/o Lucinda
P.O. Box 6975
Beverly Hills CA
90212-6975

Midnight to Midnight
A Writer's Circle For Vampires and Werewolves
The High Mistress
c/o Karen Dove
11 North Ave.
Mt.Clemens, MI
48043

The Munsters & The Addams Family Fan Club
c/o Louis Wendruck
P.O. Box 69A04
West Hollywood, CA
99969

Nigel Bennett Fan Club
c/o Star Urioste
25055 Copa del oro, No.104
Hayward, CA
94545-2573

Nocturnal Ecstacy Vampire Coven
c/o Darlene Daniels
P.O. Box 147
Palo Heights, IL
60463-0147

UN POCO DE HISTORIA

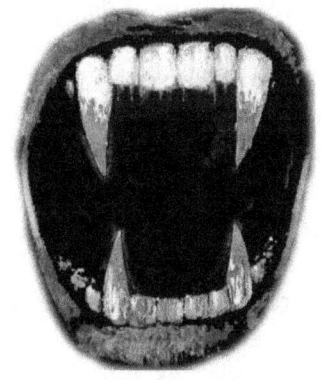

El cine de vampiros

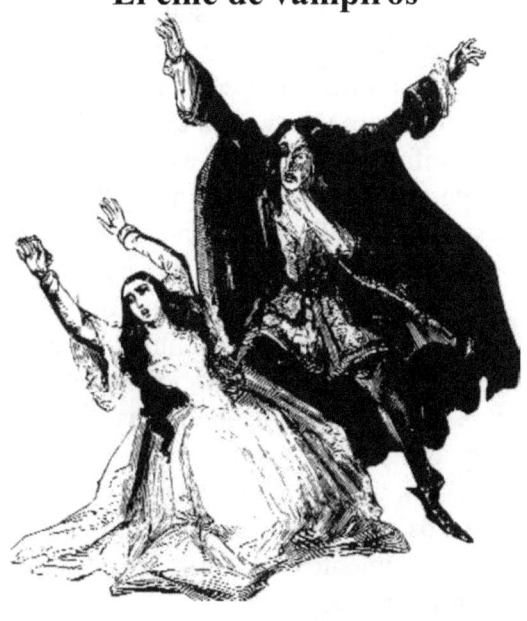

Hay varios problemas que ocasionaron el poco entusiasmo del público con las primeras películas de vampiros. Los primeros filmes fueron tratados con escaso cuidado, con defectos importantes en el sonido (cuando existía), por lo que muchas secuencias no podían ser reflejadas con el dramatismo adecuado.

Pero el peor problema no era el puramente técnico, pues cualquier aficionado al cine ha aprendido a prescindir de estos detalles. Fue la intención deliberada de hacer películas de serie B, rápidamente y sin cuidar los detalles, buscando solamente ocupar un hueco en las carteleras sabatinas.

Los primeros guiones nos hablaban siempre de un pasado distante a expensas del pasado reciente, del presente e incluso del futuro. Los vampiros eran personajes del pasado y a nuestros ancestros era a quienes había que aterrorizar, pues en nuestra época no existían; un error imperdonable. Después de todo, a cualquier escritor le resultará más cómodo relatar hechos ficticios del pasado, que tratar de recrear a un personaje mitológico en nuestras modernas ciudades. Por otra parte, el cine está conectado tan íntimamente con nuestra propia historia personal, siendo tan revelador de la nostalgia y de las emociones perdidas, que resulta difícil hablar de seres misteriosos que se mueven o se moverán a nuestro alrededor. Eso hay que dejarlo para la ciencia-ficción, pero nunca para el terror.

Ningún campo ha sufrido más a este respecto que las películas de miedo. La mayoría de las películas de terror con personajes fantásticos se desarrollan en la antigüedad, incluso cercana, pero siempre en el pasado. Frecuentemente las cámaras se mueven por Londres y Rumania, entre la niebla, la llovizna y las calles sin asfaltar, cuando no en plena montaña y en caseríos y castillos sombríos. Por lo tanto, el aficionado al cine de terror encontrará que la mayoría de las películas tienen decorados similares, luces iguales y hasta vampiros simétricos. Ello no les debería quitar mérito, tal y como demostró la productora Hammer, y ahora nos parece un hecho admirable que con tan pocos medios y argumentos tan similares, hayan podido subyugar a tantos aficionados.

La calidad de un filme es algo difícil de cuantificar, y siempre está sometida al juicio subjetivo de quien la critica. Si empleamos términos como "intelectual" en las películas de vampiros navegaremos a un paso de la pedantería, por lo que debemos hablar de divertida, emocional, excitante y sobrecogedora, escogiendo el que más encaje. Sobre esta base, me parece que, con algunas excepciones notables, las primeras películas de vampiros se han supervalorado. Ya sabemos que es muy fácil aplaudir lo que otros aplaudieron antes, pero creemos que dotar a todo el cine antiguo de una aureola de calidad es absurdo, y estoy hablando de películas supuestamente memorables. La rareza, su antigüedad y las dificultades técnicas, no aportan a priori ninguna calidad extra. Pocos negarían que el vampiro mejoró con la introducción del sonido, y sospecho que incluso los devotos del blanco y negro no pueden negar que el color benefició al cine y no le perjudicó. Por ello, hablar solamente del cine de vampiros que se rodó en blanco y negro, despreciado el otro, es solamente una postura inmovilista.

Los vampiros en la historia

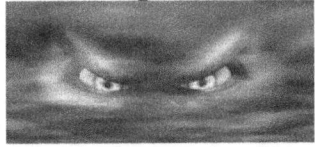

La idea del vampiro, tal y como la vemos hoy, es básicamente la fusión de dos supersticiones y miedos distintos, que en el transcurso del tiempo todavía se mantienen separados. La primera característica esencial del vampiro es que él o ella es una persona esencialmente muerta, pero que vuelve del ataúd con los albores de la noche. La segunda es que bebe sangre humana. Dividiendo las funciones quizá es más fácil entender la universalidad del mito, pues después de todo, una gran parte de las emociones humanas se encuentran en una encrucijada al no encontrar respuestas sobre los muertos. Para compensarlo, amamos, odiamos, culpabilizamos, ignoramos, despreciamos o sentimos miedo cuando hablamos de ello.

La unión de la vida con la sangre es tan antigua como lo son las religiones y en ambas hay siempre sangre presente; recuerden si no la necesidad de beber la sangre de Cristo, simbolizada en la eucaristía por el vino. En el vampiro estas dos fuentes básicas de la ansiedad humana –muerte y sangre- se funden en una imagen que nos lleva a volver de entre los muertos para robar el líquido sagrado de la vida. Pero hay otra dimensión importante en la creencia de la sangre como vehículo de la inmortalidad, pues este líquido es el equivalente al semen masculino, donador de vida, acentuando ambos la sexualidad que tienen los vampiros y su poder de seducción. En Rumania, el vampiro era famoso por seducir a la gente joven del sexo opuesto y complacerla sexualmente hasta que morían de agotamiento. Los caldeos, por su parte, creyeron que la cópula debía realizarse a continuación de chupar la sangre de la hembra mordiéndola el cuello, mientras que en ciertas tribus indias aseguraban que había que alimentar con sangre a las mujeres borrachas o durmientes.

Los griegos y romanos eran amantes y vampiros, simultáneamente, pues después de su conquista sexual necesitaban imperiosamente comer carne para reponer la sangre perdida. De hecho, hay abundancia de escritos y testimonios que nos indican que sexo y violencia van unidos, aclarando que el acto sexual es siempre una manifestación violenta con gritos, en ocasiones insultos, arañazos y mordiscos.

Hay solamente una fina línea de separación entre la mitología del vampiro y el íncubo (diablo), ya que ambos realizan el amor con sus víctimas mientras duermen, asegurándose que les proporcionarán placer. Los dos aparecen con frecuencia como inseparables, con el demonio realizando ambas funciones malvadas, sexo forzado y muerte. De hecho, contrariamente a lo que se cree, no fue hasta fechas recientes cuando la función sexual del vampiro se consideró como unida a la sangre, distinción importante pues esa dualidad tiene un antecesor en las orgías de las brujas medievales.

En el folklore rumano nunca se ha restringido al vampiro a un solo sexo, y repetidas veces se aparece a sus víctimas simplemente como una persona muy atractiva, ellas semidesnudas, ellos ataviados con traje y capa negras. Pero mientras que en muchos actos de brujería la víctima sufre cierta enfermedad dolorosa, nunca mejorada mediante el placer sexual, las atenciones del vampiro se describen como una fascinación persistente y un placer uniforme: sus visitas son altamente agradables, incluso aunque causen inicialmente terror.

Es notable destacar que nunca hay referencias de una supuesta impotencia de los vampiros, mientras que en los actos de brujería casi siempre hay una alteración, para mucho o poco, de la función sexual masculina. En términos psicológicos esta distinción es altamente significativa porque sugiere que la creencia en el vampiro, aunque estuvo arraigada firmemente en el dualismo sexo/sangre, se hizo sólida no como una forma de represión, sino como un medio para perpetuar la masculinidad y para llevar al éxtasis a los varones mordidos por vampiras.

Comparando el comportamiento de las gentes, especialmente el relacionado con la caza de brujas y vampiros durante los siglos XV y XVI, la paranoia hacia el vampiro ha sido relativamente de menor importancia y poco significativa. La iglesia católica parece haber considerado esta creencia carente de interés, al menos si la relacionamos con la brujería, pero esto puede haber sido en parte porque se decía que el cuerpo de un vampiro no se descomponía, conduciendo a su religión a un callejón sin salida teológico.

El mejor brote documentado de vampirismo en la historia ocurrió en Meduegna, Yugoslavia, en 1732. En esta ocasión enviaron a la ciudad afectada una delegación especial de dignatarios y oficiales de alta graduación, quienes mandaron abrir numerosos sepulcros para averiguar si los cuerpos estaban ya corrompidos y destilaban sangre. Ahora no hay manera plausible de saber el resultado de esa investigación, pero indudablemente tuvo que conducir a no pocos comportamientos psicóticos, muy temibles en quienes ostentaban el poder, por supuesto mil veces más desagradables que los hechos atribuidos a los vampiros.

Aun hoy, todavía existen discrepancias sobre si en verdad existieron -y existen- personas que chupan la sangre a sus víctimas para sobrevivir. Según los expertos, a un humano de nada le vale chupar sangre, ya que su estómago no puede digerirla y lo más probable es que la expulse mediante el vómito. Si esto es así, ¿de dónde viene la creencia de que bebiendo sangre se alcanza la inmortalidad?

Antiguamente, los hemofílicos (enfermos con falta crónica de hemoglobina) han intentado inútilmente beber sangre para curar su mal y para ello no han dudado en matar carneros nonatos, niños recién nacidos y, sobretodo, doncellas vírgenes. Detrás de ello no siempre estaba el deseo de ver curada su enfermedad, sino que en la mayoría de las ocasiones era una excusa para la venganza o la orgía sexual.

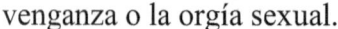

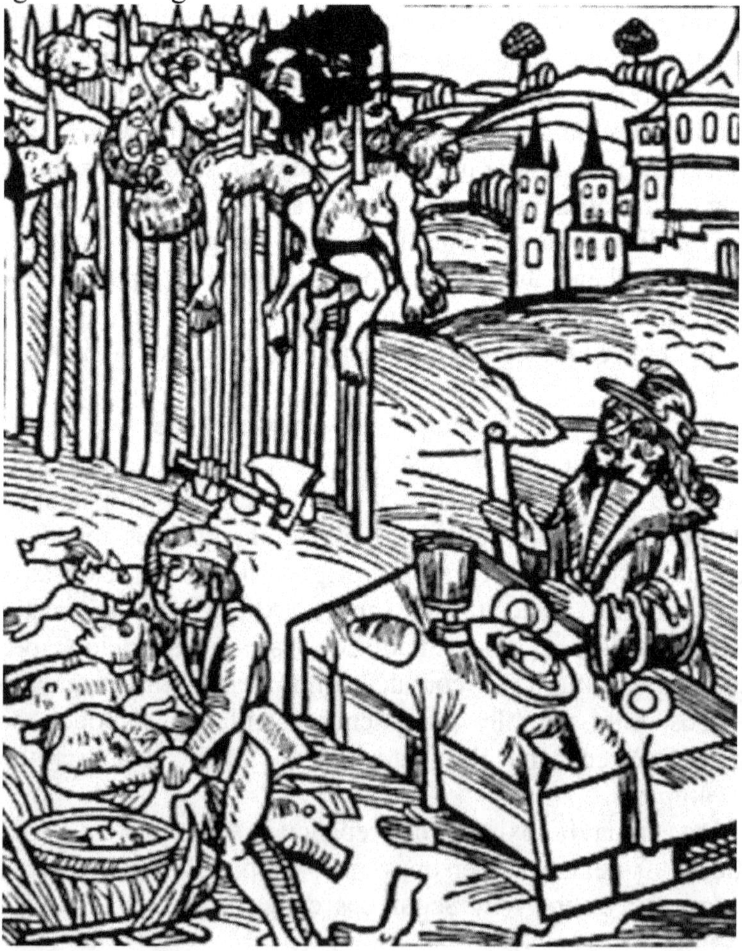

Pero fue precisamente en el siglo XV cuando un siniestro personaje llamado Vlad Tsepech Drácula (que luego describiremos), príncipe de la rumana Valaquia, decide pasar a la historia como el primer vampiro humano de prestigio. Descendiente de la estirpe "Draco" -los dragones de la guerra-, traducción latina de "Drácula", este victorioso señor no tuvo piedad con sus enemigos y en venganza porque los turcos le hicieron prisionero cuando era joven y se vio en la obligación de comer ratas para sobrevivir, cuando consiguió la victoria llegó a empalar hasta 100.000 prisioneros, a los cuales situó delante de su castillo. Además, para que su obra no fuera olvidada jamás, organizó banquetes multitudinarios delante de su macabra exposición.

Cuando murió, sus enemigos le cortaron la cabeza y le enterraron así en dos tumbas para evitar que volviera del otro mundo para vengarse. De poco les sirvió, ya que unos años después las tumbas aparecieron abiertas y sin restos del tirano. Desde entonces, el vampiro sale todas las noches por tierras de Rumania y sacia su sed de sangre con mujeres y niños indefensos.

Un siglo después nace una aristócrata húngara llamada Elizabeth Bathory, la cual tiene un hijo ilegítimo a los catorce años y para evitar la deshonra se casa con un noble, yéndose a vivir al castillo de Csejthe. Pero cuando su marido se iba a la guerra se dedicaba a mantener relaciones sexuales con mujeres, varones sombríos y cuantos brujos conocía. No satisfecha con ello, tortura de mil maneras a las mujeres de su servidumbre, especialmente a las más guapas, y cuando empieza a notar las primeras arrugas en su rostro las asesina después de hacer el amor con ellas, utilizando su sangre aún caliente como agua de baño. Cuando fue descubierta (su marido contribuyó a ello), la emparedaron viva en una de las habitaciones del castillo y hay quien dice que sus gritos de dolor y venganza se siguen oyendo desde entonces.

Y así, la figura del vampiro decae en la mente de las gentes hasta que la literatura la rescata tres siglos después. William Polidori, un escritor amigo de Lord Byron y la célebre Mary Shelley, escribe "El vampiro" la misma noche en que Mary esboza la historia de "Frankenstein". Corría el año 1819 cuando un vampiro literario llamado Lord Ruthven llega al New Monthy Magazine, pero la novela es casi un fracaso absoluto, hasta el punto en que su creador murió pobre y sin prestigio alguno, al menos en vida.

El tiempo hace justicia a quien se lo merece, casi siempre tarde, y años después el mismísimo Alejandro Dumas lleva esta desconocida obra al teatro con gran éxito. Hay quien asegura, no obstante, que otros autores como Burger y el alemán Goethe habían tocado ya el tema del vampirismo en obras como "Eleonora" y "La novia de Corinto".

Otros escritores que se apuntaron al tema de los chupadores de sangre (quizá una metáfora contra los aristócratas de entonces), fueron Thomas Preskett con "Varney" y Joseph Sheridan con "Carmilla", personaje tenebroso que el cine revivió muchos años después en dos películas.

LA HISTORIA DE DRÁCULA

Aunque el Drácula que nos muestran en el cine ha sobrevivido durante siglos a las persecuciones, estacas clavadas, hogueras y crucifijos, sin olvidar los ardientes rayos solares, lo cierto es que el único vampiro reconocido por los historiadores fue un personaje menos invencible, aunque igualmente tenebroso y sangriento.

Vlad Tsepech, quien con el paso de los años fue conocido acertadamente como "Vlad el Empalador", y posteriormente gracias a la literatura como Drácula, nació en Rumania en el año 1428, como hijo tercero de Vlad Dracul (a su vez caballero de la Orden del Dragón), y nieto de Mircea el Grande, aliado del príncipe de Luxemburgo para detener a los invasores turcos.

Cuando su padre Vlad consolidó el trono, su hijo se crió entre batallas, pillajes y ejecuciones, gustando de bajar casi a diario hasta las húmedas mazmorras, donde los prisioneros sollozaban de dolor y hambre. Insensible poco a poco al sufrimiento ajeno, el joven Vald Tepes se alistó a las órdenes del Sultán turco como oficial, cargo que desempeñó hasta los 25 años, cuando ocupó el trono de su padre.

Conocido ya como Drácula (Dracul-El Diablo), hay quien asegura que realmente fue un heroico defensor de los intereses e independencia de su país y del cristianismo, mientras que para otros se trataba de alguien que disfrutaba torturando, atormentando y matando solamente para divertirse. Entre los actos más reconocidos por los historiadores figuran estos: ejecutar a todo el consejo de Boyardos que tradicionalmente atendía a los príncipes, empalando a sus mujeres y niños, y utilizando como recuerdo la sangre de sus víctimas para teñir el cemento de las torres. También es relatado con detalle el asesinato de una delegación de diplomáticos italianos, quienes minutos antes se habían negado a quitarse el sombrero en su presencia, no por soberbia, sino por cuestión de protocolo al haber mujeres presentes. Enfurecido por lo que consideraba un insulto, Drácula ordenó que se clavasen los sombreros en el cráneo usando piezas de plata y un gran martillo.

Su fama como chupador de la sangre de sus víctimas comenzó una noche, cuando disfrazado de sirviente, con el fin de espiar a la servidumbre, invitó a una de las mujeres más hermosas a acudir a su lecho, suponemos que para cortejarla. Pero al día siguiente encontraron el cadáver de la infortunada totalmente desangrado, sin señales de violencia, simplemente con dos pequeñas incisiones en el cuello. Su apenada madre confesó aterrorizada que desde esa día su hija se le aparecía en sueños, implorando que la clavasen una estaca en su cadáver para tener descanso eterno.

En el año 1459, Drácula ordenó empalar a algunos rebeldes destacados y arrojar al fuego a otros, logrando capturar un año después a su más poderoso enemigo, Dan Voeivod, al que obligó a cavar su propia tumba y asistir a sus funerales antes de hacerlo decapitar. Para continuar su fama como empalador, pocos días después hizo empalar a los pocos rebeldes vivos, aunque dejó en libertad a unos pocos que contarían sus andanzas.

Deseando consolidar su trono y anular la amenaza que suponía el sultán turco Muhammad II, conquistador de Constantinopla, le tendió una trampa enmascarada bajo unos inocentes presentes y tributos. Un grueso contingente de caballería había cercado ya al sultán y tras apoderarse del lugar hizo prisioneros además a los generales griego y otomano, los cuales, junto con el resto de los apresados, fueron empalados.

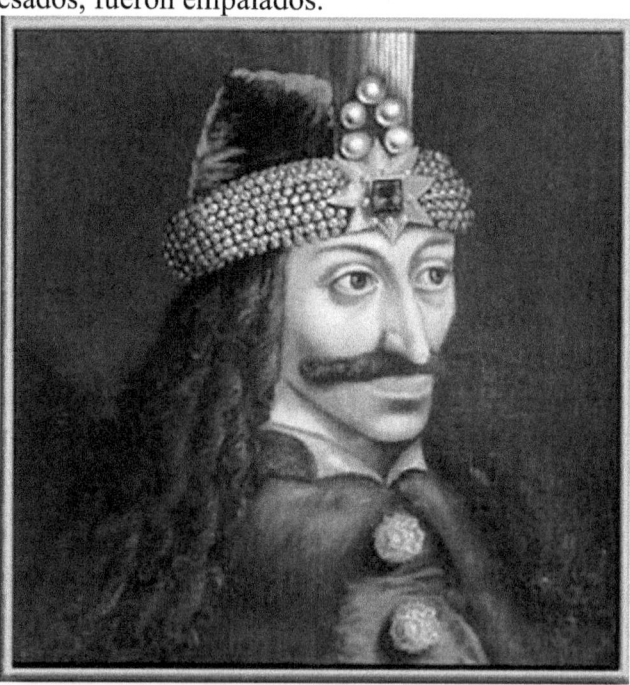

Presumiendo de sus hazañas macabras, en 1462 dirigió una carta al soberano húngaro Matías Corvino, indicándole que había matado a más de 24.000 enemigos, amontonando sus cabezas cortadas a las puertas de su fortaleza, pudiéndole que abandonara Estambul. Sin embargo, Muhammad II se opuso con un ejército de 250.000 hombres y una flota a través del Danubio, derrotando a los 10.000 soldados de Drácula, el cual fue encarcelado durante doce años, primero en Visegrado y posteriormente en las inmediaciones de Budapest. Escapado bajo circunstancias nunca aclaradas, volvió a ocupar el trono en 1476, aunque unas semanas después los turcos le sorprendieron con una escolta de sólo 200 hombres y le dieron muerte. Su cabeza fue enviada a Estambul y exhibida públicamente.

El Mito

El mito de este príncipe de las tinieblas llegó a ser aún más famoso después de que Bram Stoker de Dublín (1847-1912) publicase su novela *Drácula* en 1897. El autor era director de la Golden Down, una asociación de parapsicología londinense e investigador del apasionante mundo del vampirismo irlandés e hindú. Su novela, publicada en millones de copias, tiene como su héroe principal un vampiro, llamado Drácula. La acción se establece en Transilvania sobre la cual el autor dice: "Leí que cada superstición habida en el mundo está recolectada en la herradura de los Cárpatos, como si fuera el centro de una cierta clase de brujería." En las primeras páginas de este libro encontramos a un joven abogado (Jonathan Harker), quien ha decidido viajar hacia el castillo de Drácula para arreglar ciertas transacciones inmobiliarias. El carro de Harker, conducido por un hombre que tiene garras en lugar de manos, bordea los precipicios hasta que finalmente llega en una noche oscura al castillo de Drácula. Allí todo es más o menos como lo esperaba, pero a medida que permanece en su interior descubre parte de los secretos del conde. Para no olvidar detalle, escribe un diario para su novia Mina Murray, quien le está esperando en Inglaterra. Cuando se da cuenta que el conde quiere vivir para siempre, evitando el sol, durmiendo en ataúdes, chupando sangre y temido por todos, comienza su horror.

Lo cierto es que desde 1897, cuando el escritor irlandés Bram Stoker publicó *Drácula*, Vlad Tsepech fue catapultado a la fama, mucho más de lo que hicieron los historiadores. Stoker había leído las historias sobre Drácula impresas en los siglos XV y XVI, especialmente aquellas que relataban sus actos de crueldad. Decidido a crear a su personaje, también leyó varios libros acerca de Transilvania (un nombre de origen latino que significa "Más allá de los bosques"), y pensó que el exotismo de la tierra sería un soporte apropiado para los actos del vampiro. De hecho, Stoker utilizó a Vlad solamente como fuente de inspiración, puesto que en su novela Drácula no es el príncipe Vlad el Empalador, sino solamente un misterioso conde de Transilvania que vivía en un castillo misterioso donde engañaba a sus víctimas. Su historia discurre en el área de Bistritza y las montañas cárpatas que rodean al castillo. Además, Stoker nunca había visitado Transilvania, y la mayoría de los lugares y los sucesos son ficción pura. La leyenda y la verdadera historia sobre Drácula se mezclan y están siendo mantenidas vivas gracias a los turistas que visitan el monasterio de Snagov cerca de Bucarest, o el castillo próximo a Brasov.

El castillo

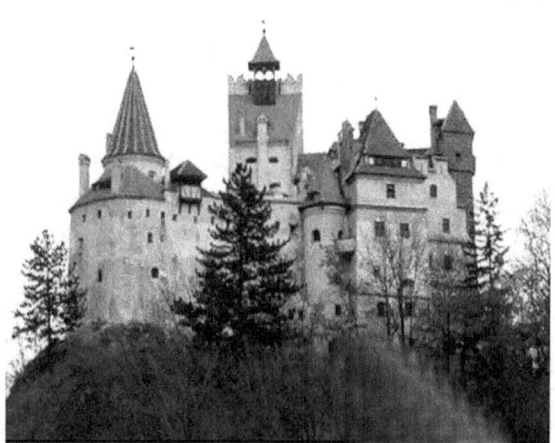

El castillo era originalmente una fortaleza construida por los caballeros de la orden Teutónica en el año 1212, conocido entonces como Dietrichstein. Más adelante, hacia el final del siglo XIII, fue asumido el control por Saxons para proteger la ciudad de Brasov, un centro comercial importante. Vlad Tepes utilizó el castillo como lugar para sus incursiones en Transilvana, aunque este castillo no se debe confundir con el real de Drácula (ahora en restauración), que está situado en el río de Arges, en un lugar más aislado.

BIOGRAFÍAS DE ESCRITORES RELACIONADOS

Joseph Thomas Sheridan Le Fanu

Nacido en Dublín en 1814, de padres irlandeses emparentados políticamente con el dramaturgo Richard Brinsley Sheridan, Joseph fue inicialmente educado por su padre, aunque posteriormente ingresó en el Trinity College de Dublín. Una vez que terminó su doctorado como abogado en 1839, renunció a su profesión para dedicarse casi exclusivamente al periodismo y la edición de libros, llegando a publicar baladas, cuentos y poemas para la *Dublin University Magazine*, su propia revista, transformándola poco a poco en un medio periodístico importante.

Sumido en la tristeza a causa de la muerte de su mujer en 1858, se retiró de la vida social, adquiriendo a su pesar el sobrenombre de "Príncipe Invisible", inmerso en un retiro voluntario que le permitió dedicarse exclusivamente a su obra literaria. Pesimista a ultranza y desilusionado por el mundo político de Irlanda, sus escritos reflejan ese pesimismo y negativismo, aunque ello le permitió escribir los mejores relatos fantásticos de su tiempo.

Autor de best-sellers durante más de veinte años, su fama apenas traspasó sus fronteras, y eso que era apoyado incluso por sus compañeros de profesión, pero la literatura de terror en aquella época era considerada como un género menor. Murió el 7 de febrero de 1873.

Extracto de su obra *"Carmilla"*

"Vivíamos en Estiria, en un castillo. No es que nuestra fortuna fuera principesca, pero en aquel rincón del mundo era suficiente una pequeña renta anual para poder llevar una vida de gran señor. En cambio, en nuestro país y con nuestros recursos sólo habríamos podido llevar una existencia acomodada. Mi padre es inglés y yo, naturalmente, tengo un apellido inglés, pero no he visto nunca Inglaterra.

Mi padre servía en el ejército austriaco y cuando alcanzó la edad del retiro, a pesar de disponer de un reducido patrimonio pudo adquirir aquella pequeña residencia feudal, rodeada de varias hectáreas de tierra. No creo que exista nada más pintoresco y solitario, con el castillo situado sobre una suave colina y dominando un extenso bosque. Una carretera angosta y abandonada pasa por delante de nuestro puente levadizo -que nunca he visto levantar-, y en su foso nadan los cisnes entre las blancas corolas de los nenúfares.

Dominando este conjunto se levanta la amplia fachada del castillo con sus numerosas ventanas, sus torres y su capilla gótica. Delante del castillo se extiende el pintoresco bosque; a la derecha, la carretera discurre a lo largo de un puente gótico tendido sobre un torrente que serpentea a través del bosque.

He dicho que es un lugar muy solitario. Juzgad vosotros mismos si digo la verdad. Mirando desde la puerta de entrada hacia la carretera, el bosque que rodea nuestro castillo se extiende quince millas a la derecha y doce a la izquierda. El pueblo habitado más próximo está en esa última dirección, a una distancia aproximada de siete millas, mientras que el castillo más cercano y de cierta notoriedad histórica es el del general Spieldorf, a unas veinte millas a la derecha.

He dicho *el pueblo habitado más próximo*, porque al oeste, sólo a tres millas, en dirección al castillo del general Spieldorf, hay un pueblecito en ruinas con su iglesia gótica también en ruinas; allí están las tumbas, casi ocultas entre piedras y follaje, de la orgullosa familia Karnstein, extinguida hace tiempo. La familia

Karnstein poseía antaño el desolado castillo que, desde la espesura del bosque, domina las silenciosas ruinas del pueblo. Hay una leyenda que explica por qué fue abandonado por sus habitantes este extraño y melancólico paraje. Pero ya hablaré de ella más adelante.

El número de habitantes de nuestro castillo era muy exiguo. Excluyendo a los criados y a los habitantes de los edificios anexos, estábamos solamente mi padre, el hombre más simpático del mundo pero de edad bastante avanzada, y yo, que en la época en que ocurrieron los hechos que voy a narrar tenía solamente diecinueve años.

Mi padre y yo constituíamos toda la familia. Mi madre, de una familia noble de Estiria, murió cuando yo era aún una niña aunque, sin embargo, tuve una inmejorable nana, la señora Perrodon, de Berna. Era la tercera persona en nuestra modesta mesa. La cuarta era la señorita Lafontaine, una dama en toda la extensión de la palabra, que ejercía las funciones de institutriz, para completar mi educación.

Algunas muchachas amigas mías venían de vez en cuando al castillo y, algunas veces, yo les devolvía la visita. Éstas eran nuestras habituales relaciones sociales. Naturalmente, también recibíamos visitas imprevistas de *vecinos*. Por vecinos se entienden a las personas que habitaban dentro de un radio de cuatro o cinco leguas.

Puedo aseguraros que, en general, era una vida muy aislada.

El primer acontecimiento que me produjo una terrible impresión y que aún ahora sigue grabado en mi mente, es al propio tiempo uno de los primeros sucesos de mi vida que puedo recordar.

(...) Tendría yo unos seis años cuando una noche, despertándome de improviso, miré a mí alrededor y no vi a la camarera de servicio. Creí que estaba sola. No es que tuviera miedo... pues era una de aquellas afortunadas niñas a quienes han evitado expresamente las historias de fantasmas y los cuentos de hadas, que vuelven a los niños temerosos ante una puerta que chirría o ante la sombra danzante que produce sobre la pared cercana la luz incierta de una vela que se extingue. Si me eché a llorar fue seguramente porque me sentí abandonada; pero, con gran sorpresa, vi al lado de mi cama un rostro bellísimo que me contemplaba con aire grave. Era una joven que estaba arrodillada y tenía sus manos bajo mi manta. La observé con una especie de placentero estupor, y cesé en mi lloriqueo. La joven me acarició, se echó en la cama a mi lado y me abrazó, sonriendo. De repente, me sentí calmada y contenta, y me dormí de nuevo.

De súbito, me desperté con la escalofriante sensación de que dos agujas me atravesaban el pecho profunda y simultáneamente. Proferí un grito. La joven dio un salto hacia atrás, cayendo al suelo, y me pareció que se escondía debajo de la cama.

Por primera vez sentí miedo y me puse a gritar con todas mis fuerzas. La niñera, la camarera y el ama acudieron precipitadamente, pero cuando les conté lo que me había ocurrido estallaron en risas, a la vez que trataban de tranquilizarme. Aunque yo era solamente una niña, recuerdo sus rostros pálidos y su angustia mal disimulada. Las vi buscar debajo de la cama, por todos los rincones de la habitación, en el armario, y oí a mi ama susurrar a la niñera:

-- *¡Mira! Alguien se ha echado en la cama, junto a la niña. Aún está caliente.*

Recuerdo que la camarera me acarició y que las tres mujeres examinaron mi pecho, en el punto donde yo les dije que había sentido la punzada. Me aseguraron que no se veía ninguna señal.

El día siguiente lo pasé en un continuo estado de terror: no podía quedarme sola un instante, ni siquiera a plena luz del día.

(…) La señora Perrodon era más bien gruesa y veía todas las cosas desde un punto de vista romántico. La señorita Lafontaine pretendía ser psicóloga y algo mística. Aquella tarde afirmó que la intensa luminosidad de la luna estaba en relación directa con una especial actividad espiritual. Los efectos de una luna llena como aquélla podían ser múltiples. Influía en los sueños, en la locura, en la gente nerviosa y hasta en los hechos materiales.

- *Esta noche* -dijo-, *la luna está llena de influjos magnéticos. Mirad cómo brillan las ventanas con un resplandor plateado, como si unas manos invisibles hubieran iluminado las estancias para recibir huéspedes espectrales.*

En aquel momento, el insólito rumor de las ruedas de un carruaje y del galope de muchos caballos sobre la carretera atrajo nuestra atención. Parecía aproximarse descendiendo de la colina que dominaba el viejo puente; muy pronto, un pequeño tropel desembocó por aquel punto. Primero cruzaron el puente dos caballeros, luego apareció un carruaje tirado por cuatro corceles, y finalmente otros dos caballeros que cerraban el cortejo.

Parecía el coche de una persona de rango. Nuestra atención quedó prendida en aquel espectáculo inusitado, que no tardó en hacerse aún más interesante, porque, cuando apenas habían pasado la curva del puente, uno de los caballos del tiro se desbocó y, contagiando su pánico a los otros, arrancó a todo el tiro con un galope desenfrenado, irrumpiendo entre los caballeros que precedían al carruaje y avanzando hacia nosotros con la violencia y la furia de un huracán.

En aquel momento culminante, la escena adquirió caracteres de tragedia, debido a unos gritos femeninos procedentes del interior del vehículo.

Mi padre permaneció en silencio, mientras nosotras lanzábamos exclamaciones de terror. El final no se hizo esperar. El punto de enlace de la carretera con el puente levadizo estaba delimitado a un lado por un soberbio tilo, y al otro por una cruz de piedra. Los caballos, que marchaban a una velocidad vertiginosa, se desviaron asustados al ver la cruz, arrastrando las ruedas contra las raíces salientes del árbol. Asustada por lo que podía ocurrir, me tapé el rostro con las manos, no resistiendo la idea de ver cómo la carroza se salía del camino. En aquel mismo instante oí el grito de mis compañeras, que estaban un poco más adelantadas que yo. Abrí los ojos, impulsada por la curiosidad, y contemplé una escena sumamente confusa. Dos caballos yacían en el suelo. El carruaje estaba volcado, apoyado sobre uno de sus lados, con dos ruedas al aire. Los hombres se afanaban arreglando el vehículo, de cuyo interior había salido una señora de aspecto autoritario, que retorcía nerviosamente entre sus manos un pañuelo. Ayudamos a salir del carruaje a una joven, al parecer desmayada. Mi padre se había acercado a la señora de más edad, sombrero en mano, ofreciéndole ayuda y cobijo en el castillo. La señora no parecía oír nada, y sólo tenía ojos para la frágil muchachita que había sido reclinada en el respaldo de un banco.

Me acerqué. La joven había perdido el conocimiento, pero sin duda estaba con vida. Mi padre, que se preciaba de tener algunos conocimientos médicos, le tomó el pulso y aseguró a la señora, que se había presentado a sí misma como madre de la joven, que la pulsación, si bien débil e irregular, era perceptible. La señora juntó sus manos y alzó los ojos al cielo, al parecer en un momentáneo transporte de gratitud; luego, repentinamente, se desahogó haciendo gestos teatrales, que, sin embargo, son espontáneos en cierto tipo de personas. Era una mujer de buen ver, que en su juventud debió haber sido seductora. Delgada, aunque no flaca, iba vestida de terciopelo negro. Su pálida fisonomía conservaba una expresión orgullosa y autoritaria, a pesar de la agitación del momento.

-*¡Qué desgracia la mía!* -exclamó, retorciéndose las manos-. *Estoy efectuando un viaje que es cuestión de vida o muerte. Una hora de retraso puede tener consecuencias irreparables. No es posible que mi hija pueda restablecerse del golpe recibido y continuar un viaje cuya duración no es posible prever. Deberé dejarla forzosamente en el trayecto. No quiero correr el riesgo de llegar con retraso. ¿A qué distancia se encuentra el pueblo más próximo? Es necesario que la lleve hasta allí, para recogerla a mi regreso. ¡Y pensar que tendré que pasar por lo menos tres meses sin ver a mi querida hija, sin tener noticias suyas!*

Tiré a mi padre de la chaqueta y le susurré al oído:

- *Padre, dile que la deje con nosotros... me gustaría mucho. Hazlo por mí.*

- *Si la señora quiere confiar su hija a los cuidados de la mía y de nuestra ama, la señora Perrodon, si permite que su hija se quede con nosotros, bajo mi responsabilidad, hasta su regreso, lo consideraremos como un gran honor y tendremos para ella los cuidados y la devoción que el deber de la hospitalidad imponen* -dijo mi padre solemnemente.
- *No puedo aceptarlo* -respondió la desconocida, con mucha circunspección-; *sería abusar demasiado de su amabilidad.*
- *Al contrario, nos haría un gran favor. Precisamente vendría a llenar un inesperado vacío. Hoy mismo, mi hija ha sufrido una gran desilusión, debido a la noticia de que se ha frustrado una visita que esperábamos. Si confía su hija a nuestros cuidados, será su mejor consuelo.*

En el aspecto y actitudes de aquella señora había algo tan especial e imponente, y en cierto sentido fascinante, que, aun prescindiendo del séquito que la acompañaba, daba la impresión de ser una persona de rango.

Entretanto, el carruaje había sido levantado y los caballos, ya calmados, estaban de nuevo enganchados.

La señora dirigió a su hija una mirada que a mí no me pareció afectuosa, como era de esperar después de la terrible escena, y seguidamente llamó a mi padre con un gesto y se apartaron unos pasos de nosotros. Mientras hablaba, la señora mantuvo una expresión fría y grave, muy poco acorde con su anterior conducta.

Conversaron unos minutos; luego, la señora regresó y dio unos pasos hacia su hija, que yacía entre los brazos de la señora Perrodon. Se arrodilló a su lado y le susurró algo al oído. La besó apresuradamente y luego entró precipitadamente en el carruaje, cerrando la portezuela, mientras los portillones trepaban al pescante y los batidores espoleaban sus caballos. Los postillones hicieron restallar sus látigos y los caballos se lanzaron al galope; el carruaje desapareció entre una nube de polvo, seguido de los dos caballeros que cerraban el cortejo.

Seguimos con la mirada su carrera hasta que desapareció definitivamente entre la niebla y dejó de oírse el chirrido de sus ruedas y fragor de los cascos de los caballos lanzados al galope".

Bram Stoker

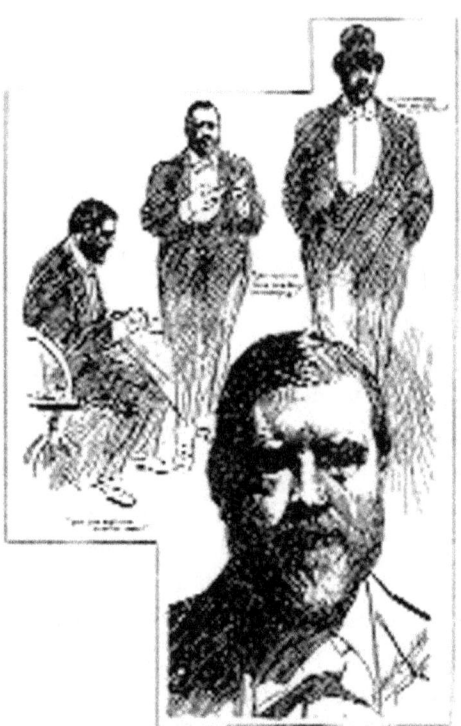

Abraham Stoker nació en Dublín en 1847 y cursó sus estudios en el Trinity College, el mismo lugar donde estudiaron algunos grandes autores de literatura fantástica, lo que indudablemente influyó en sus gustos, lo mismo que el pertenecer a una secta extraña denominada "Golden Dawn in the Cuter", algo así como una asociación de amigos de lo esotérico.

De niño era muy solitario, quizá porque tenía ciertos problemas para andar que le impedían jugar con libertad y solamente logró superar su disfunción física al cumplir los siete años, llegando posteriormente a convertirse en un buen atleta y jugador de fútbol.

Ya adulto se dedicó al mundo del teatro, pero no como actor sino como representante y empresario, teniendo entre sus clientes a Henry Irving, un actor muy famoso en esos años. Y fue precisamente a ese actor a quien le enseñó uno de sus relatos fantásticos, el que posteriormente titularía "Drácula", pero por toda respuesta recibió este despectivo comentario: "dreadful" (horrible), y eso que ni siquiera terminó de leerla.

Aun así y dada su influencia empresarial, la novela se publicó y tuvo que soportar entonces un montón de críticas adversas en las principales revistas literarias del momento. Parece ser que no le influyeron demasiado estos comentarios y siguió escribiendo nuevas obras, entre ellas "La guarida del gusano blanco", "La dama del sudario", "Los misterios del mar", "La casa del juez" y "La joya de las siete estrellas".

"Drácula" salió al mercado en 1897 y en ella apareció también el implacable Van Helsing y todo el mundo del vampiro que posteriormente fue considerado válido por los demás autores, especialmente su horror a la luz y los ajos, su seducción con las mujeres, su ataúd como lecho y su facilidad para volar, si antes no le habían puesto un crucifijo delante.

Dicen que el castillo de Drácula estuvo inspirado en uno real que existe todavía en la localidad de Bram y que las refinadas maneras del conde las sacó de su amigo Irving. Como suele ocurrir, Stoker nunca pudo disfrutar del éxito de su novela "Drácula" y murió en Londres el 20 de abril de 1912, dos años después de escribir su última obra "Impostores famosos".

Anne Rice

Nacida en Nueva Orleáns, Estados Unidos, el 4 de octubre de 1941, y de nombre real Howard Allen O'Brien, la segunda de cuatro hermanas, decidió adoptar el nombre de Anne cuando empezó a estudiar en el Redemptorist Catholic School. Su madre murió cuando ella tenía quince años, y la nueva boda de su padre les trasladó a Richardson, Dallas, en Texas. Pronto entró en la Universidad de Mujeres de Tejas, trasladándose posteriormente a San Francisco, casándose un año más tarde con Stan Rice, un antiguo compañero de instituto. Graduada en ciencias políticas, dio luz a su hija Michele el 21 de septiembre de 1966, trasladándose a Berkeley, donde escribió su relato "Entrevista con el Vampiro".

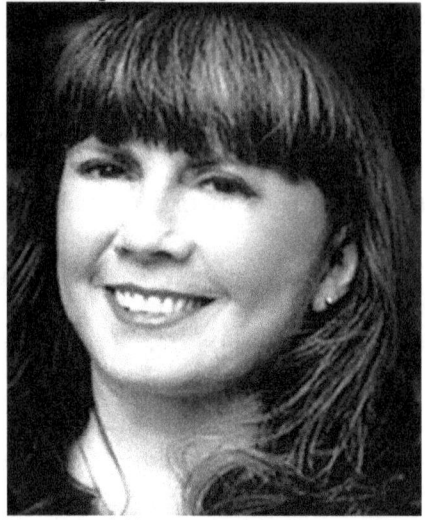

Cuando falleció su hija en 1972 tardó en recuperarse emocionalmente, pero ello no le impidió convertir "Entrevista..." en novela, siendo vendida a Knopf por 12.000 dólares. Su hijo Cristopher nació el 11 de marzo de 1978 y dos años más tarde su obra había rentado ya al editor 100.000 dólares. En 1994 "Entrevista..." fue convertida en película y Anne firmó un contrató de 17 millones de dólares por tres crónicas más de Vampiros. Como guionista conocemos *La reina de los condenados* (2002), *Entrevista con el vampiro (1994)*, y *Sabuesos en la isla de Edén (1994)*.

Entre sus novelas están: *Lestat el vampiro, La reina de los condenados, Entrevista con el vampiro (confesiones de un vampiro), Armand, el vampiro, Blackwood faro, Vittorio, el vampiro, Merrick* y *Blood and gold*

PREMIOS
Nominada la novela "Lestat, el vampiro" al premio World Fantasy en la categoría de Mejor novela en 1986.

Nominada la novela "La Reina de los Condenados" al premio Bram Stoker en la categoría de Mejor novela en 1988.

Howard Phillips Lovecraft
"Algunas notas sobre algo que no existe"

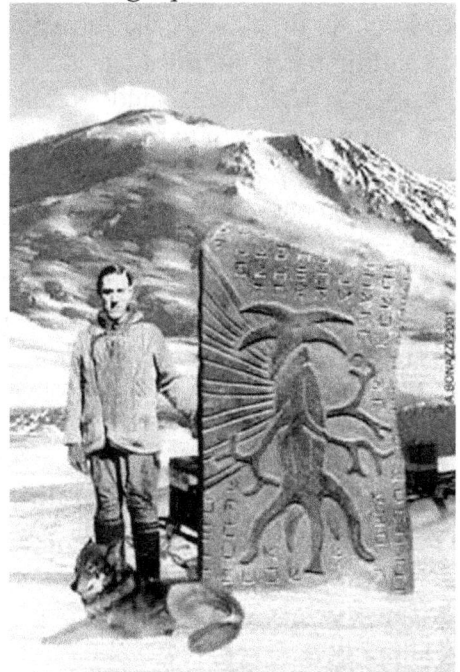

Autobiografía escrita en 1933 para la revista Unusual Stories, donde nunca llegó a publicarse.
Título original: *Some Notes on a Nonentity*

"Para mí, la principal dificultad al escribir una autobiografía es encontrar algo importante que contar. Mi existencia ha sido reservada, poco agitada y nada sobresaliente; y en el mejor de los casos sonaría tristemente monótona y aburrida sobre el papel. Nací en Providence, R.I. -donde he vivido siempre, excepto por dos pequeñas interrupciones- el 20 de agosto de 1890; de vieja estirpe de Rhode Island por parte de mi madre, y de una línea paterna de Devonshire domiciliada en el estado de Nueva York desde 1827.

Los intereses que me llevaron a la literatura fantástica aparecieron muy temprano, pues hasta donde puedo recordar claramente me encantaban las ideas e historias extrañas, y los escenarios y objetos antiguos. Nada ha parecido fascinarme tanto como el pensamiento de alguna curiosa interrupción de las prosaicas leyes de la Naturaleza, o alguna intrusión monstruosa en nuestro mundo familiar por parte de cosas desconocidas de los ilimitados abismos exteriores. Cuando tenía tres años o menos escuchaba ávidamente los típicos cuentos de hadas, y los cuentos de los hermanos Grimm están entre las primeras cosas que leí, a la edad de cuatro años. A los cinco me reclamaron *Las mil y una noches*, y pasé horas jugando a los árabes, llamándome "Abdul Alhazred", lo que algún amable anciano me había sugerido como típico nombre sarraceno. Fue muchos años más tarde, sin embargo, cuando pensé en darle a Abdul un puesto en el siglo VIII ¡y atribuirle el temido e inmencionable Necronomicón!

Pero para mí los libros y las leyendas no detentaron el monopolio de la fantasía. En las pintorescas calles y colinas de mi ciudad nativa, donde los tragaluces de las puertas coloniales, los pequeños ventanales y los graciosos campanarios georgianos todavía mantienen vivo el encanto del siglo XVIII, sentía una magia entonces y ahora difícil de explicar. Los atardeceres sobre los tejados extendidos por la ciudad, tal como se ven desde ciertos miradores de la gran colina, me conmovían con un patetismo especial. Antes de darme cuenta, el siglo XVIII me había capturado más completamente que al héroe de Berkeley Square; de manera que pasaba horas en el ático abismado en los grandes libros desterrados de la biblioteca de abajo y absorbiendo inconscientemente el estilo de Poe y del Dr. Johnson como un modo de expresión natural. Esta absorción era doblemente fuerte debido a mi frágil salud, que provocó que mi asistencia a la escuela fuera poco frecuente e irregular. Uno de sus efectos fue hacerme sentir sutilmente fuera de lugar en el período moderno, y pensar por lo tanto en el tiempo como algo místico y portentoso donde todo tipo de maravillas inesperadas podrían ser descubiertas.

También la naturaleza tocó intensamente mi sentido de lo fantástico. Mi hogar no estaba lejos de lo que por entonces era el límite del distrito residencial, de manera que estaba tan acostumbrado a los prados ondulantes, a las paredes de piedra, a los olmos gigantes, a las granjas abandonadas y a los espesos bosques de la Nueva Inglaterra rural como al antiguo escenario urbano. Este paisaje melancólico y primitivo me parecía que encerraba algún significado vasto pero desconocido, y ciertas hondonadas selváticas y oscuras cerca del río Seekonk adquirieron una aureola de irrealidad no sin mezcla de un vago horror. Aparecían en mis sueños, especialmente en aquellas pesadillas que contenían las entidades negras, aladas y gomosas que denominé "night-gaunts" (espectros nocturnos o "alimañas descarnadas").

Cuando tenía seis años conocí la mitología griega y romana a través de varias publicaciones populares juveniles, y fui profundamente influido por ella. Dejé de ser un árabe y me transformé en romano, adquiriendo de paso una rara sensación de familiaridad y de identificación con la antigua Roma sólo menos poderosa que la sensación correspondiente hacia el siglo XVIII. En un sentido, las dos sensaciones trabajaron juntas; pues cuando busqué los clásicos originales de los cuales se tomaron los cuentos infantiles, los encontré en su mayoría en traducciones de finales del siglo XVII y del XVIII. El estímulo imaginativo fue inmenso, y durante una temporada creí realmente haber vislumbrado faunos y dríadas en ciertas arboledas venerables. Solía construir altares y ofrecer sacrificios a Pan, Diana, Apolo y Minerva.

En este período, las extrañas ilustraciones de Gustave Doré -que conocí en ediciones de Dante, Milton y La balada del Antiguo Marinero- me afectaron poderosamente. Por primera vez empecé a intentar escribir: la primera pieza que puedo recordar fue un cuento sobre una cueva horrible, perpetrado a la edad de siete años, y titulado "The Noble Eavesdropper" (El noble fisgón).

Este no ha sobrevivido, aunque todavía poseo dos hilarantes esfuerzos infantiles que datan del año siguiente: "The Mysterious Ship" (La nave misteriosa) y "The Secret of the Grave (El secreto de la tumba), cuyos títulos exhiben suficientemente la orientación de mi gusto.

A la edad de casi ocho años adquirí un fuerte interés por las ciencias, que surgió sin duda de las ilustraciones de aspecto misterioso de "Instrumentos filosóficos y científicos" al final del Webster's Unabrigded Dictionary. Primero vino la química, y pronto tuve un pequeño laboratorio muy atractivo en el sótano de mi casa. A continuación vino la geografía, con una extraña fascinación centrada en el continente antártico y otros reinos inexplorados de remotas maravillas. Finalmente amaneció en mí la astronomía; y el señuelo de otros mundos e inconcebibles abismos cósmicos eclipsó todos mis otros intereses durante un largo período hasta después de mi duodécimo cumpleaños. Publicaba un pequeño periódico hectografiado titulado The Rhode Island Journal of Astronomy, y finalmente -a los dieciséis- irrumpí en la publicación real en la prensa local con temas de astronomía, colaborando con artículos mensuales sobre fenómenos de actualidad para un periódico local, y alimentando la prensa rural semanal con misceláneas más expansivas.

Fue durante la secundaria -a la que pude asistir con cierta regularidad- cuando produje por primera vez historias fantásticas con algún grado de coherencia y seriedad. Eran en gran parte basura, y destruí la mayoría a los dieciocho, pero una o dos probablemente alcanzaron el nivel medio del "pulp". De todas ellas he conservado solamente "The Beast in the Cave" (La bestia de la cueva) (1905) y "The Alchemist" (El alquimista) (1908). En esta etapa la mayor parte de mis escritos, incesantes y voluminosos, eran científicos y clásicos, ocupando el material fantástico un lugar relativamente menor. La ciencia había eliminado mi creencia en lo sobrenatural, y la verdad por el momento me cautivaba más que los sueños. Soy todavía materialista mecanicista en filosofía. En cuanto a la lectura: mezclaba ciencia, historia, literatura general, literatura fantástica, y basura juvenil con la más completa falta de convencionalismo. Paralelamente a todos estos intereses en la lectura y la escritura, tuve una niñez muy agradable; los primeros años muy animados con juguetes y diversiones al aire libre, y el estirón después de mi décimo cumpleaños dominado por persistentes, pero forzosamente cortos paseos en bicicleta, que me familiarizaron con todas las etapas pintorescas y excitadoras de la imaginación del paisaje rural y los pueblos de Nueva Inglaterra. No era de ningún modo un ermitaño: más de una banda de la muchachada local me contaba en sus filas".

SEXO Y TERROR

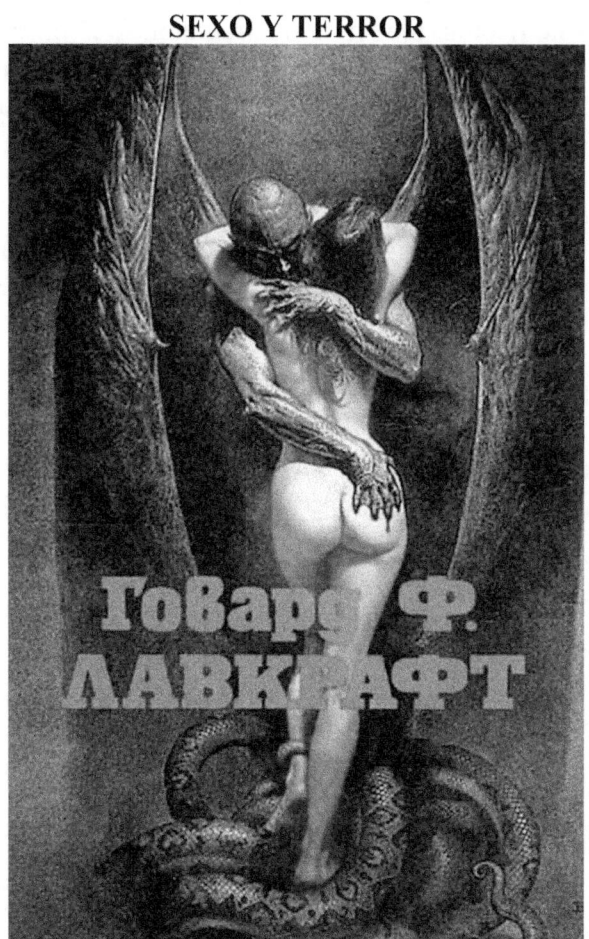

Para un varón (o una lesbiana), la imagen de una mujer semidesnuda, corriendo asustada para huir de un vampiro o algún otro engendro de la noche, parece que le estimula la libido, del mismo modo que para ellas (y ellos) un amante con el torso desnudo, guapo de aspecto, y con los dientes afilados mostrándose en dirección al cuello, también parece ocasionar el mismo efecto.

Las historias de terror para adultos siempre están llenas simultáneamente de sexo, tanto el que practican dos inocentes amantes justo antes de ser atacados por una criatura de la noche, como cuando el malvado hace presa en la mujer para saciar su lujuria. En la ficción moderna no tradicional el erotismo va implícito, y vemos a vampiros voluptuosos, sensuales y amantes incansables, del mismo modo que ahora observamos que nuestro Satanás ya no se limita a tentar, sino que él es la propia tentación.

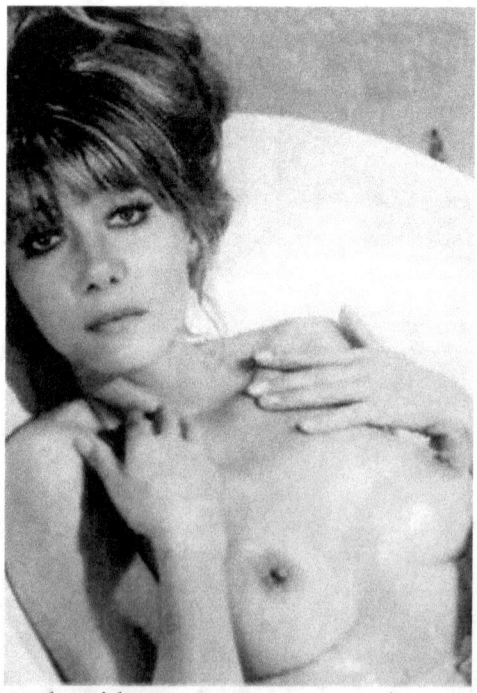

El sexo siempre ha sido una constante en el terror, y hay quien ve en el *Frankenstein* de Mary Shelley una metáfora y una insinuación para construir el amante perfecto. *Carmilla*, de Sheridan LeFanu's, contiene una velada sexualidad lésbica, y el propio Bram Stoker describió a su personaje *Drácula* lleno de ansia de amor por su amada. Lovecraft's tampoco es ajeno a esta costumbre, pues sus relatos góticos destilan relaciones sexuales apasionantes por todos los poros, además de visiones monstruosas de los órganos genitales femeninos y posesiones infernales. Las portadas de la literatura de terror, e incluso los cómics, contienen siempre dibujos de hembras bien proporcionadas, ligeramente aterrorizadas y, por supuesto, con poca ropa.

El sexo, según lo utilizado tradicionalmente en el terror, ha tenido muchas variedades. El tema de la recompensa en forma de sexo es lo más simplista en las películas de adolescentes, aunque poco después ambos amantes acaben con el cuello cortado. Los ejércitos invasores casi siempre toman como trofeo a las mujeres de los oprimidos y aunque ellas gritan cuando las raptan, lo cierto es que terminan asumiendo su papel de concubinas forzadas. Las casas cerca de los cementerios suelen ser peligrosas para las mujeres guapas, pues los depredadores prefieren matar a los varones y chupar literalmente a las chicas. Y respecto a Drácula nada nuevo, ya que es el arquetipo del seductor, capaz de inmovilizar simplemente con su mirada o pensamiento a su guapa víctima, hasta el punto en que ellas dejan de gritar de terror y le muestran el cuello para que efectúe su primer mordisco. Después entran en un voluptuoso orgasmo y aunque por la mañana están demacradas y muy débiles, al anochecer buscan de nuevo afanosamente a su amante vampiro.

El vampiro seductor y dominante no muestra ningún sentimiento de culpa a pesar de su violencia, y frecuentemente termina matando a su víctima, tal y como hacen los violadores. El orgasmo, por tanto, se convierte para las mujeres en su propia destrucción, pues aunque lleguen a sobrevivir a ello, la azarosa vida en pos de sangre y sumidas en el mundo de las tinieblas para toda la eternidad, las lleva frecuentemente a desear la muerte.

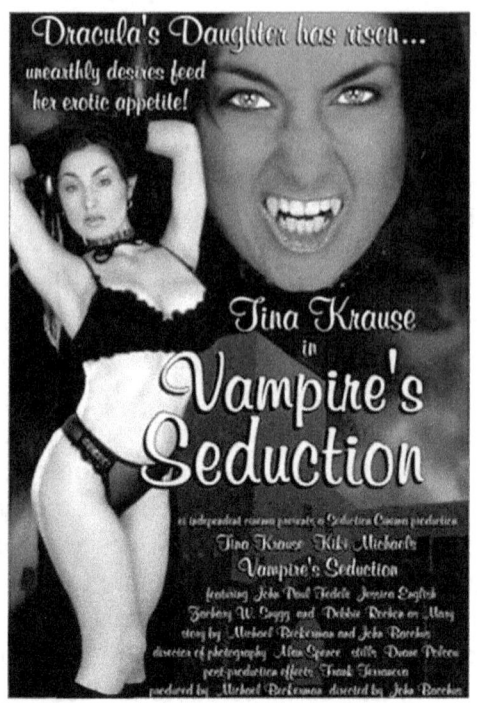

Anne Rice introdujo a un nuevo tipo de vampiro más andrógino, más contradictorio, atrapado por su naturaleza en un universo en el cual Dios no es una presencia asegurada. Ellos son igualmente seductores, más guapos que los anteriores y hambrientos de sexo, sangre y poder. La película "Entrevista con el vampiro" nos muestra a una nueva casta de seres, buscando la complicidad emocional con el espectador, tratando de que todos sientan, simultáneamente, horror y placer sexual.

Podemos sacar la conclusión de que la muerte es un miedo omnipresente y universal, tanto como lo es el sexo, particularmente en la sociedad occidental. El horror ocasiona una respuesta física y emocional, y esa respuesta es similar al despertar sexual: el pulso se acrecienta, la respiración se acelera, los ojos se dilatan, nos estremecemos, jadeamos y gemimos. Por eso el miedo y el sexo siguen siendo partes principales inexploradas de nuestra psique individual y cultural, ya que aquello que desconocemos es lo que nos inquieta.

LAS PELÍCULAS DE VAMPIROS

Aunque la mayoría de los aficionados creen que fue "Nosferatu, el vampiro" (Nosferatu, Eine synphonie des Grauens) de 1922, la primera película de vampiros de la historia, lo fue solamente en el sentido de que era la primera que estaba basada en la obra de Stoker, pero antes se habían rodado otras versiones libres como fueron "Vampydanserinden" (1911), "La vampira india" (1913), La torre dei vampiri" (1913), "The vampire" (1913) y "Der vampyr" en 1919.

El porqué "Nosferatu, el vampiro" (1922) está considerada como la primera película de la historia sobre Drácula, podríamos entenderlo al ser la única que estaba basada en el texto de Stoker, aunque curiosamente no figura en los títulos de crédito, quizá para eludir derechos de autor.

En esta película, por el motivo antes mencionado, el vampiro se llama Orlok (interpretado por Max Schreck) y el autor del argumento fue Henrik Galeen, aunque la viuda de Stoker le puso una demanda judicial por plagio. La película tuvo cierto reconocimiento en su tiempo y aunque bastante polémica a causa de las inclinaciones bisexuales del vampiro, logró pasar a la historia y con ella su director F.W. Murnau, aunque no pudo saborear su triunfo ya que hubo una orden judicial de destruir las copias. Afortunadamente, si bien la sentencia se cumplió y arruinó a la productora, algunas copias estaban ya en el extranjero y por ello aún hoy se puede visionar en las filmotecas.

Después de este éxito, llegaron a la pantalla obras menores como "Vampiry Warzawy" (1925) y "La bruja vampiro" (1930), basada en la novela de Carl T. Dreyer "Carmille", existiendo una versión teatral en 1927 obra de Balderston y Deane, la cual a su vez estaba basada en la obra que Stoker había estrenado en 1897.

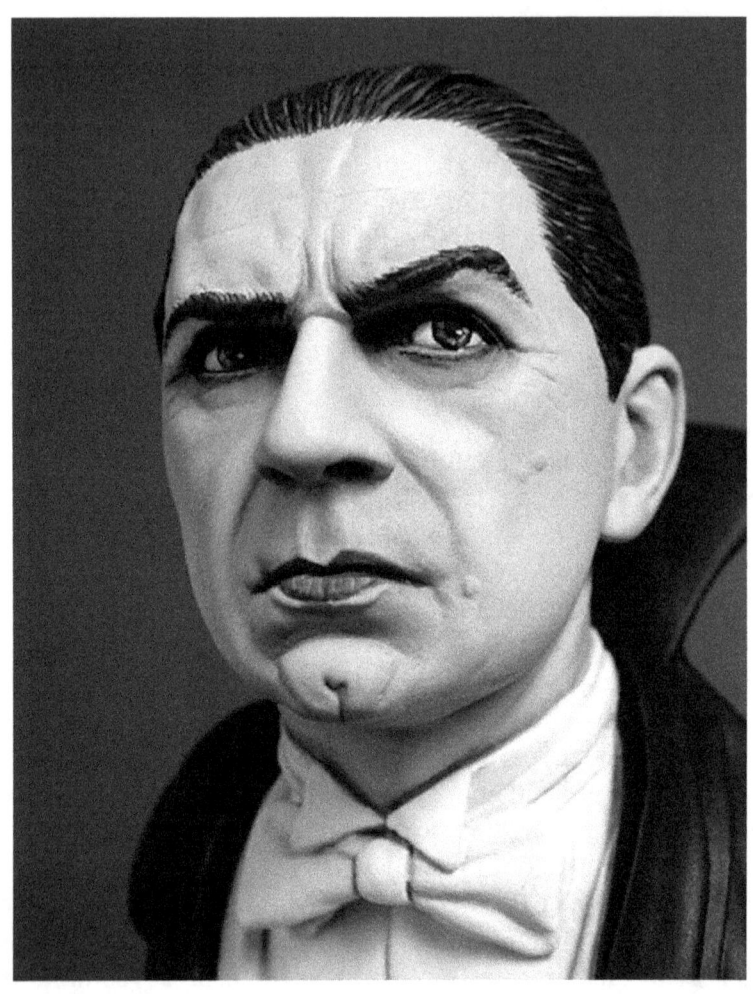

Dos años después, en 1929, la Universal decide llevar de nuevo al cine la obra "Drácula" y bajo la dirección de Tod Browning empieza a elaborarse el proyecto, esta vez contando con la aprobación de la viuda de Bram Stoker la cual "cedió" los derechos de la obra de su marido en sólo 40.000 dólares, y eso gracias al tesón de Bela Lugosi. La película se estrenó por fin en 1931 y la publicidad no hablaba de vampiros sino de una extraña historia de amor, la cual empezaba con una frase del vampiro que decía: "Yo soy Drácula, bienvenido", expresada en un defectuoso inglés por Lugosi, quien por cierto había reemplazado a Lon Chaney a causa de su repentina muerte.

El papel de Van Helsing estaba representado por Edward Van Soloan, el guión era de Garret Fort, la música de Tchaikovsky y Helen Chandler era la protagonista femenina que cautiva al conde.

Del director Tod Browning sabemos que nació en 1882, que se fugó a los 16 años de su casa para irse con una bailarina y que se inició en el cine en 1914 trabajando como actor en la película "Intolerancia", hasta que en 1917 dirige "Jim Bludso". Popularizado gracias a la película "Drácula", dirigió posteriormente "La parada de los monstruos", "La marca del vampiro", "Muñecos infernales" y "Miracles For Sale" en 1939. Desde ese año desaparece del mundo cinematográfico y la prensa le menciona como fallecido en numerosas ocasiones, sin que aún hoy tengamos certeza de cuándo murió, ya que algunas fuentes dicen que fue en 1962 y otras en 1944.

Entre los datos curiosos del film tenemos el hecho de que Lugosi no tuviera que soportar ningún tipo de maquillaje, ya que su extrema palidez daba el aspecto diabólico necesario. También es de destacar que después de conseguir los derechos sobre la novela original de Stoker, el guionista basó la película en los textos de Balderston y Deane, los autores teatrales, eliminándose la secuencia final en la cual el actor Edward Van Soloane se dirige al espectador para decirles que los vampiros existen.

Después de este film se hizo una secuela en 1934 titulada "La marca del vampiro" y en 1944 "El retorno del vampiro", también con Lugosi como protagonista, pero dirigida por Lew Landers. Anteriormente, en 1931, España realizó una versión de Drácula con el actor Carlos Villarias como el conde y Lupita Tovar como Mina, y hasta el popular Mickey Mouse tuvo que vérselas con un vampiro en "La gran gala de Mickey Mouse" en 1933.

En esos años y con la leyenda fuertemente arraigada en el público, se estrenaron entre otras: "La hija de Drácula" (1933) aprovechando los decorados de otras versiones anteriores e interpretada por Gloria Holden (Mina); "La cíngara y los monstruos" (1944) con John Carradine; "La mansión de Drácula" (1945) con Martha O'Driscoll, y hasta una parodia que dirigió Charles Barton titulada en España "Bud Abbot y Lou Costello contra los fantasmas". Otras películas que con más o menos honor han pasado por las carteleras fueron: "Drákula Istanbulda" (1953), "La sangre de Drácula" (1957), y "la vuelta del vampiro (1958), justo el mismo año en que la Hammer decide tomar el timón y realizar una nueva adaptación del mito.

NOSFERATU, EL VAMPIRO
Nosferatu, eine Simphonie des Grauens (1992)
65-84 minutos

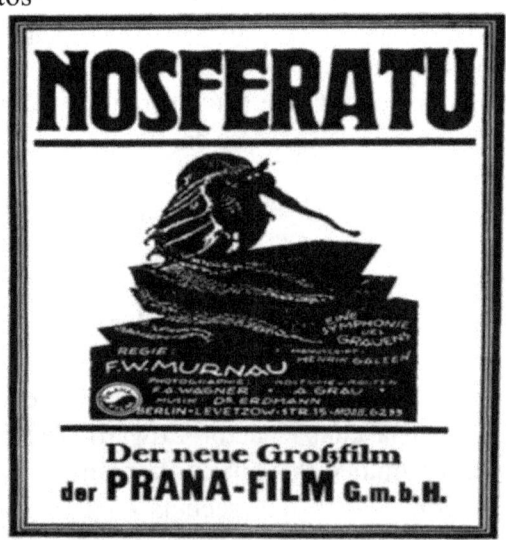

Director: Friedrich Wilhelm Murnau
Guión: Henrik Galeen
Fotografía: Fritz Arno Wagner, Gunther Krampf

Intérpretes:
MAX SCHRECK: Graf Orlok, Nosferatu
ALEXANDER GRANACH: Knock
GUSTAV VON WANGENHEIM: Hutter

Aunque se cambiaron numerosos datos, escenarios y frases, la viuda de Bram Stoker recurrió con éxito ante la justicia, ya que los productores no habían satisfecho ningún derecho de autor a pesar de que la película se basaba de forma evidente en Drácula. El juez dictaminó la destrucción de todas las copias existentes, lo que, afortunadamente, no se llevó a cabo.

Uno de los misterios de la película es la identidad de su protagonista Max Schreck, aunque hay quien asegura que fue el propio director Murnau quien, disfrazado, actúo en el rol principal. También es extraño el hecho de que la sombra de este vampiro se refleje en las paredes, circunstancia no prevista en la novela, lo mismo que la imagen en el espejo. Muy probablemente fue una cuestión técnica imposible de resolver con los potentes focos del estudio y no una modificación deliberada, lo mismo que el presentarle mucho más horroroso que en la descripción de la novela. El monstruo es ambiguo y tétrico, de edad imprecisa, y termina muriendo por los efectos perniciosos de la luz solar, resolución argumental tampoco fiel a la novela.

Disponible en DVD y remasterizada, el aficionado podrá disfrutar con este vampiro que almacena los ataúdes en su coche fúnebre y que termina casi muriendo de amor.

La historia nos lleva hasta Hutter (von Gustav Wangenheim), un empleado de una inmobiliaria en la ciudad de Bremen, quien deja a su novia para resolver un negocio en las distantes montañas cárpatas, en donde mora un cliente excéntrico llamado Orlok (Max Schreck). La jornada es azarosa y en su recorrido se encuentra con lugareños asustados quienes le hablan de cosas extrañas que ocurren alrededor del castillo de Orlok. Cuando el coche se detiene, Hutter se encuentra aparentemente abandonado en un lugar aislado, mientras que el cochero emprende una marcha veloz sin rumbo definido. Pronto otro coche llega para recogerle y ahora viaja aún a más velocidad que antes, sirviendo a nuestro ambicioso joven como advertencia por su osadía.

Por fin llegan al castillo, y allí le es presentado Orlok, un personaje macabro dotado de cierto sentido del humor, quien presenta una piel tan pálida que presagia el horror a la luz del sol. Esa noche hay una cena y mientras el joven disfruta de la comida aprovechan para hablar de la compra de Bremen, aunque un ligero corte en su dedo pulgar, mientras estaba cortando el pan, cambia la faz de Orlok. Ansioso, se abalanza sobre el joven chupándole con avidez el dedo, aunque para Hutter este insólito hecho supone solamente una muestra de la excentricidad del conde.

DRÁCULA
(1931)

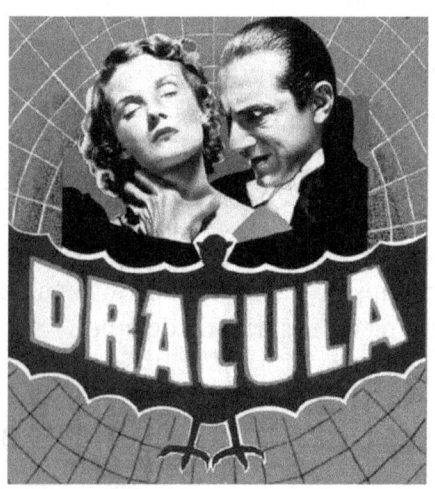

Productor: Carl Laemmle Jr.
Director: Tod Browning
Guión: Garrett Fort
Basada en la novela de Bram Stoker
Fotografía: Karl Freund

Intérpretes:
BELA LUGOSI: Conde Drácula
HELEN CHANDLER: Mina Seward
DAVID MANNERS: John Harker
EDWARD VAN SLOAN: Dr. Van Helsing

La película comienza en Transilvania, donde un vendedor de fincas británico llamado Renfield (Dwight Frye), llega para legalizar la venta de un castillo, morada del conde Drácula (Bela Lugosi). Cuando el sol se está poniendo detrás de las dentadas montañas negras, rodeadas de un terreno escabroso e inhóspito, llega al pequeño pueblo en donde su presencia causa recelo entre los lugareños, quienes con los ojos desorbitados le avisan sobre lo poco conveniente de viajar a través del Paso Borgo para ver a Drácula. No obstante, Renfield consigue contratar a un cochero para que le lleve a través de la oscuridad; allí, en medio de la vibración de los árboles y el aullido de los lobos, el conde Drácula les espera. Pronto entra en el castillo y saluda amablemente a Drácula, un personaje de pelo liso peinado hacia atrás, que muestra una sonrisa malévola a través de sus delgados labios.

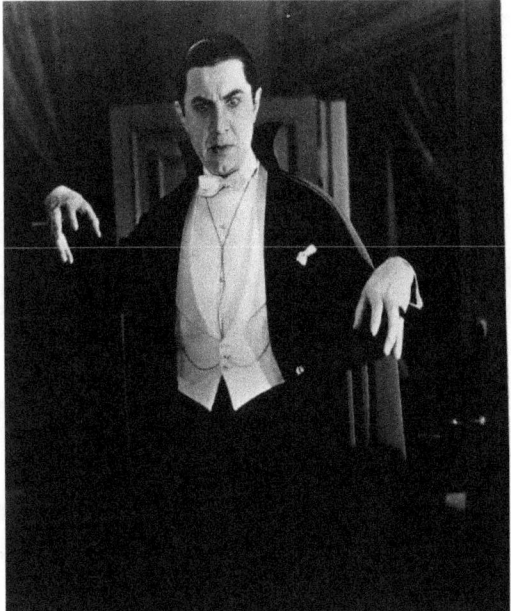

Indudablemente el comienzo del filme es sobrecogedor, aunque esta primera versión americana del conde Drácula dirigida por Tod Browning es simplemente una adaptación de la novela de Bram Stoker, y no una versión fiel a la historia. Sin embargo, el éxito fue extraordinario, anunciándose incomprensiblemente como " La historia de amor más extraña de todas".

Desde entonces, Bela Lugosi fue la personificación refinada del mal, aunque su experiencia anterior en Broadway, representando el mismo personaje desde 1927, le llevó a sobreactuar su papel, adoptando un carácter similar a un demente. Su elevada estatura y su acento húngaro maduro fueron imitados y parodiados subsecuentemente, lo que en principio marcó un estilo que perduró muchos años.

El actor:
BELA LUGOSI

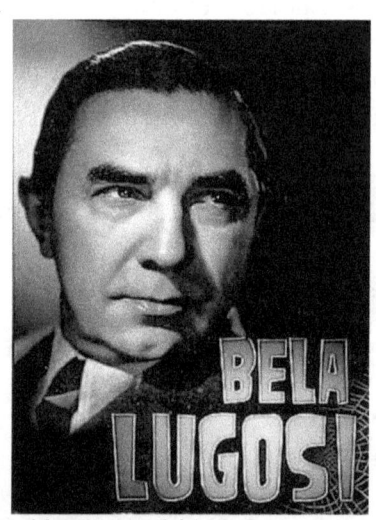

Dependiendo de quién sea su biógrafo, a este actor se le nombra como Bela Belsko, Bela Balasko o Bela Ferene. Lo que sabemos con certeza es que nació en Lugos, Hungría, en 1882 y entró en el cine para sustituir a Lon Chaney senior en el papel de Drácula, cuando murió de cáncer. Pronto se convirtió en el villano de todos los filmes de terror y esto le obligó a adoptar en su vida privada el mismo rol, llegando a alterar su verdadero carácter hasta el punto de que sus enemigos decían que dormía en un ataúd con telarañas a su alrededor y que se drogaba. Que sepamos, solamente hizo un papel más tradicional en la película "Ninotchka" (1939), junto a Greta Garbo.

Su introducción en el cine fue en 1915, aunque anteriormente había alcanzado cierta notoriedad como estrella húngara de teatro bajo el nombre de Arisztid Olt. Involucrado en el contexto histórico que vivía su país, participó en la 1ª Guerra Mundial hasta que la monarquía húngara fue derrotada, pasando a la clandestinidad fundando el sindicato de actores.

Casado inicialmente con Ilona Szmik, de la que se divorció en 1920, se trasladó en busca de paz a Alemania y posteriormente a los Estados Unidos, debiendo eliminar su verdadero apellido y cambiarlo por el de Lugosi, más discreto. Con su nombre ya bien definido, debutó en Hollywood con el filme "The silent comand" (1923), aunque como sabemos no alcanzaría notoriedad hasta que asumió el papel de conde Drácula... en el teatro. Se casó de nuevo, esta vez con la millonaria Beatrice Week, asumiendo otro fracaso y un posterior romance con la actriz Clara Bow, justo en la época en la cual le propusieron el papel de Drácula en el cine.

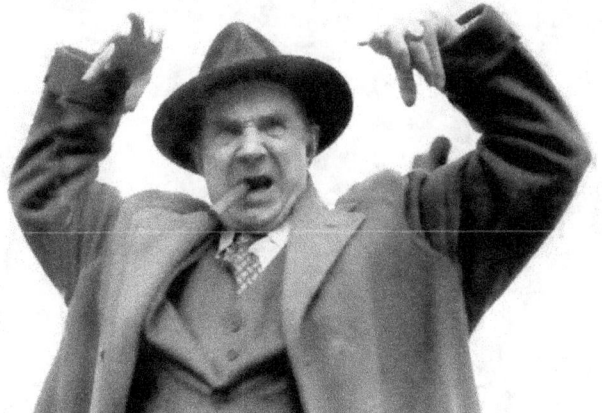

Como tantos otros actores, no quería ser encasillado con el cine de terror, por entonces un género menor, y rechazó interpretar al monstruo de Frankenstein, pues si Drácula hablaba poco y mordía mucho, este engendro solamente rugía. En esa película intervino quien sería su más activo rival, el actor Boris Karloff, aunque posteriormente se les llegó a ver juntos en alguna película.

Un nuevo matrimonio tuvo lugar y el posterior divorcio en 1953, alternando sus desventuras amorosas con el cine, aunque su declive ya empezó a ser notorio desde los años 40, pues el tono cómico de algunos filmes no acababa de encajar en su rostro. Deprimido se inició en las drogas, y casi olvidado por los grandes estudios, Bela Lugosi pudo regresar a la actuación gracias al requerimiento de un extraño fan llamado Ed Wood Jr., considerado como el peor director de la historia del cine. Bajo las órdenes de Wood aparecería en tres películas de serie Z, todas ellas de muy escasa entidad, "Glenn or Glenda?" (1953), "Bride of the monster" (1955) y "Plan 9 from outer space" (1956), esta última estrenada tres años después y su nombre ni siquiera mencionado en las carteleras.

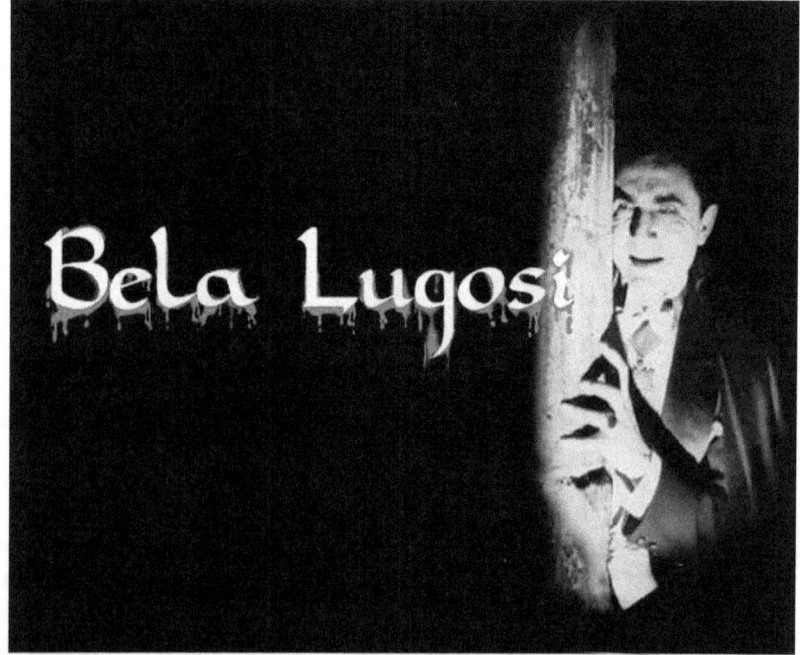

En 1955, Bela se casaría por cuarta vez con Hope Lininger, a quien dejaría viuda el 16 de agosto de 1956, cuando murió de un ataque al corazón en Los Ángeles. Tenía 73 años cuando fue enterrado con la capa del personaje que lo hizo popular, Drácula.

Si alguien desea ver su tumba la encontrará en el cementerio de Holy Cross de Hollywood, al lado de otro mito del cine, el actor Bing Crosby; pero este hecho es pura casualidad organizativa.

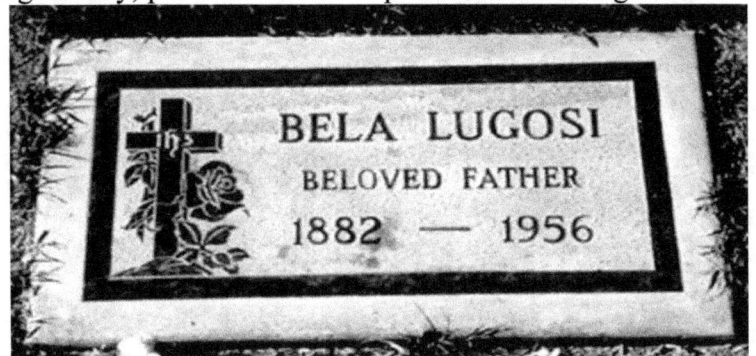

Filmografía esencial:
A Leopard (1917), Drácula (1931), El doble asesinato de la calle Morgue (1932), La isla de las almas perdidas (1932), Satanás (1934), El cuervo (1935), La sombra de Frankenstein (1939), Asesinato por televisión (1939), Ninotchka, (1939), Frankenstein y el hombre lobo (1943), Plan Nine from Outer Space (1956.

El director:
TOD BROWNING

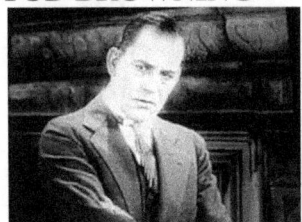

Nacido como Charles Albert Browning, en Louisville (Kentucky) el 12 de julio de 1880 en el seno de una desdichada familia, Ted tuvo que asumir con angustia el fallecimiento de su hermana Octavia, refugiándose como actor aficionado en el teatro y coro de la Christ Church Cathedral. Frecuentemente espectador de las numerosas caravanas de cíngaros que llegaban hasta su ciudad, la magia de estos nómadas le llevó a huir con uno de ellos en 1896, consiguiendo así explotar sus habilidades para el canto y el baile. Y así llegó hasta Chicago, con la compañía The Deep Sea Divers, donde se mostraba a los espectadores en forma de cadáver viviente enterrado en un ataúd, marcando desde ese momento lo que sería su vida posteriormente.

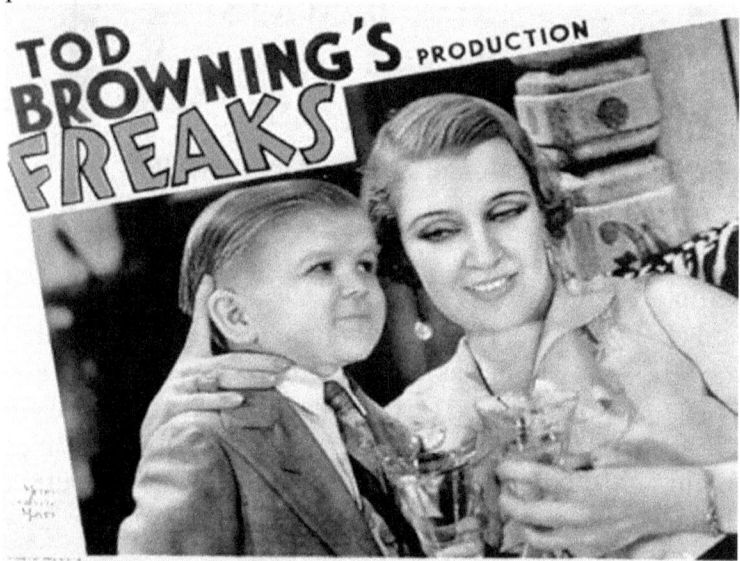

Sin embargo, su profesión daría un giro decisivo cuando conoció en 1913 a David Wark Griffith, reputado cineasta, quien después de hacerle una prueba como actor le permitió ejercer también como jefe de producción en la empresa cinematográfica Reliance-Majestic. Dos años más tarde otro hecho marcaría su vida, cuando conduciendo un automóvil en compañía de otro actor se estrelló muriendo su acompañante y él quedando malherido, con el rostro destrozado, graves lesiones internas y una pierna seriamente dañada. Alejado ya definitivamente de los escenarios, siguió intentando suerte como cineasta, estrenando su primer filme en 1917, conociendo posteriormente al actor Lon Chaney, quien sería protagonista de varias de sus más
Separado de su esposa Alice, a ella le debe, no obstante, su entrada en el cine, pues convenció al productor Irving Thalberg para que éste le concediera una oportunidad para reintegrarse, lo

que indudablemente hizo, pero siguiendo con su vida tormentosa llena de amoríos.

Cuando dirigió *El trío fantástico* (1925), protagonizado nuevamente por Lon Chaney, recuperó su prestigio, logrando reunir una pequeña fortuna y comprarse una lujosa residencia en Beverly Hills. Y así llegó hasta su gran éxito, la versión cinematográfica de la novela de Bram Stoker *Drácula,* protagonizada por Bela Lugosi, quien sustituyó a Lon Chaney a causa de un súbito fallecimiento. Sin embargo el rodaje fue accidentado, debiendo intervenir frecuentemente el productor en algunas escenas, consiguiéndose así un resultado mediocre que desagradó a los estudios. Se añadieron escenas, se cortaron otras y se montó de modo ciertamente anárquico, pero el filme pasó a la historia del cine.

Después vinieron los fracasos, como *La parada de los monstruos* (1932), la cual desconcertó tanto a Browning que ya nunca se recuperó. Sumido en una irreversible depresión, su descrédito comenzó a ser cada vez mayor, hasta que se recluyó en su mansión de Malibú con Alice. La muerte de ella en 1944 le cogió en la peor época, sin amigos ni trabajo, con un grave deterioro mental, muriendo poco después de un ataque de apoplejía.

Filmografía esencial:
The lucky trasfer; The woman from Warren's (1915). Puppets; Everybody's doing it; The deadly glass of beer (1916). The jury of fate (1917); The eyes of mistery; The legion of death; El beso decisivo (1918); La rosa del arroyo; Pétalo en la corriente; La joven de Escocia (1919); Fuera de la ley (1921); Bajo dos banderas (1922). Zara, la mística (1925); Garras humanas; La casa del horror (1927); Drácula; The iron man (1931); La parada de los monstruos (1932); Perdone, señorita (1933); La marca del vampiro (19359; Muñecos infernales (1936); Miracles for sale (1939).

DRÁCULA (1931)
(Versión para países hispanos)

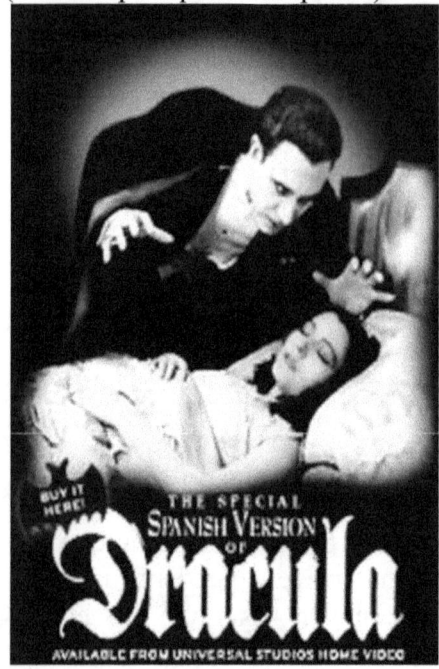

Director: George Melford
Guión: Baltasar Fernández
Fotografía: George Robinson

Intérpretes:
CARLOS VILLAR
CARMEN GUERRERO
LUPITA TOVAR

Como ocurrió tantas veces, el equipo de Browning, que había terminado de rodar "Drácula", decidió dar un aire más hispano al filme, en la creencia de que lo que acababa de terminar solamente era apto para las mentes cultivadas anglosajonas. Entregado el material a George Melford, contratan a actores mexicanos de cierto relieve, les caracterizan adecuadamente y con nuevos diálogos adaptados del inglés, ruedan rápidamente nuevas escenas hasta completar 140 minutos de metraje, media hora más que la versión original. ¿El resultado? Para qué contarles, aunque eso sí, el terror está igualmente asegurado, lo mismo que los pronunciados escotes de Lupita.   George Melford no tenía, evidentemente, el talento de Browning y ello se evidencia en las escenas claves del principio de la cinta.

LAS HIJAS DE DRÁCULA
Dracula's Daughter (1936)
69 minutos

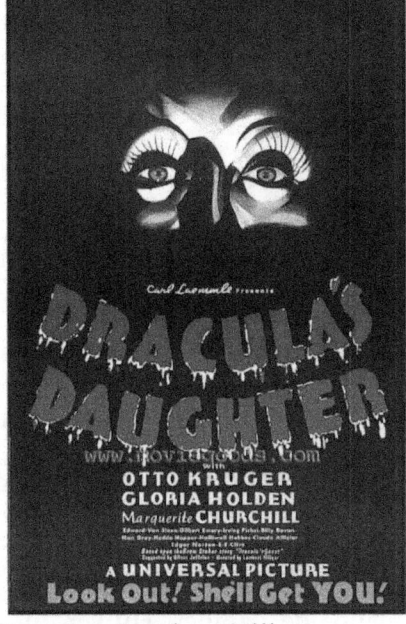

Director: Lambert Hillyer
Guión: Garret Fort
Fotografía: George Robinson

Interpretes:
OTTO KRUGER: Dr. Jeffrey Garth
GLORIA HOLDEN: Marya Zaleska
EDWARD VAN SLOAN: Dr. Van Helsing
MARGUERITE CHURCHILL: Janet Blake

Ambientada ¡cómo no! en las montañas más sombrías de Transilvania, y supuestamente una secuela del *Drácula* de 1931, vemos a Van Helsing atravesar el corazón del vampiro con una estaca, segundos antes de ser detenido por la policía por asesinato. Pero para llegar a realizar este imprescindible acto sangriento, antes tuvo que pelear con guapas vampiras lésbicas, una de ellas la hija del propio conde.

El personaje principal vuelve a ser Van Helsing, el audaz cazavampiros a quien nunca le hemos visto hacer el amor a una mujer, pues ha dedicado su vida y dinero a perseguir a los asesinos de la noche.

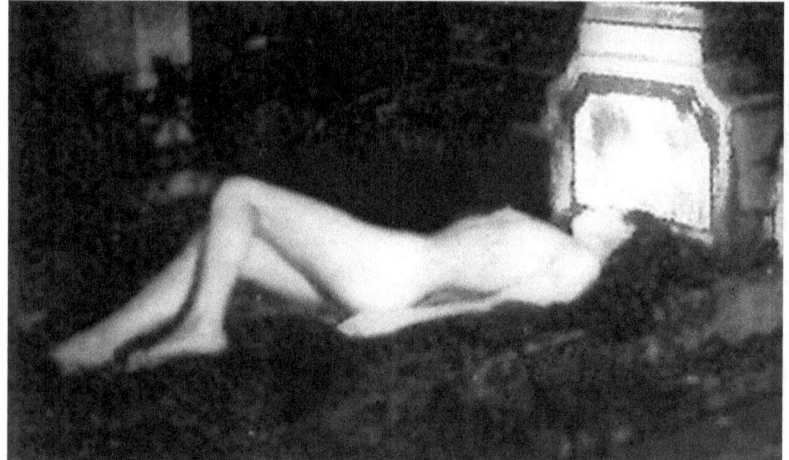

Inicialmente rodada por Tod Browning y con una somera actuación de Bela Lugosi (escenas que nunca fueron incluidas), ante el desacertado guión ambos decidieron poner pies en polvorosa y dejar el entuerto en manos de Lambert Hillyer, un especialista en cine mudo.

Por vez primera cambia el sexo del vampiro, aunque esta guapa condesa Marya Zaleska, miembro de la elite londinense, no es más que la hija del famoso aristócrata transilvano, aunque mantiene la afición al esoterismo y la brujería. La historia termina como debe ser: en el castillo situado en Transilvania, con este Drácula femenino siendo atravesado por una certera flecha. Descanse en paz hasta un nuevo amanecer.

DRÁCULA
Horror of Drácula 1958

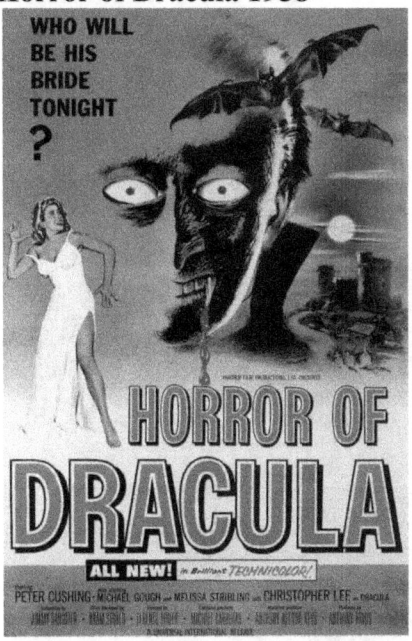

Productor: Anthony Hinds
Director: Terence Fisher
Guión: Jimmy Sangster
Fotografía: Jack Asher

Intérpretes:
PETER CUSHING: Dr. Van Helsing
CHRISTOPHER LEE: Conde Drácula
VALERIE GAUNT: La mujer vampiro
MELISSA STRIBLING: Mina

Filmada en color, lo que indudablemente supuso una fuerte crítica de los puristas, defensores del blanco y negro a ultranza, la película de la Hammer fue un éxito de público total en el mundo entero y eso influyó decisivamente en los gustos de la gente, guiándoles a una nueva concepción del cine de terror. Ahora la sangre se ve claramente, es tan roja como en la realidad, y Drácula no es el señor absoluto de las tinieblas por su maldad, sino por su extraordinaria seducción hacia las mujeres. Su presencia basta para que las mujeres más honestas caigan presas de un delirio sexual y nada ni nadie las puede detener para volver a mantener relaciones de ultratumba con su amado seductor. Afortunadamente, los celosos novios y maridos contaban con algunas armas eficaces para detener al vampiro, entre ellas el olor del ajo, la presencia del crucifijo, la luz del sol y, sobre todo, la cruel estaca clavada en el corazón.

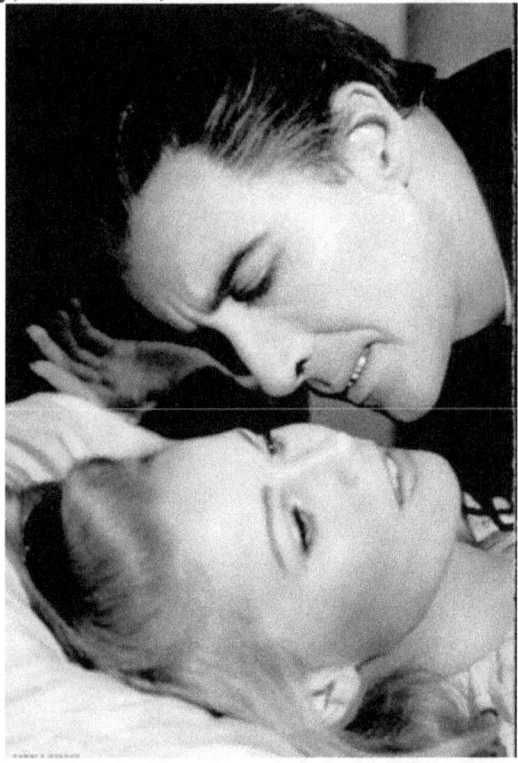

La película hizo renacer el cine de terror y, a su vez, sirvió para poner en la popularidad a los dos principales actores y elevar a la categoría de clásico a su director. Como es habitual en las producciones de la Hammer, los medios económicos no sobran, pero se suplen con un ingenio y seriedad extraordinarios. Casi diez años más tarde se realizó una secuela titulada "Drácula, príncipe de las tinieblas", que recogió el éxito aún no olvidado de la primera y afianzó el prestigio de su equipo técnico.

El actor:
CHRISTOPHER LEE

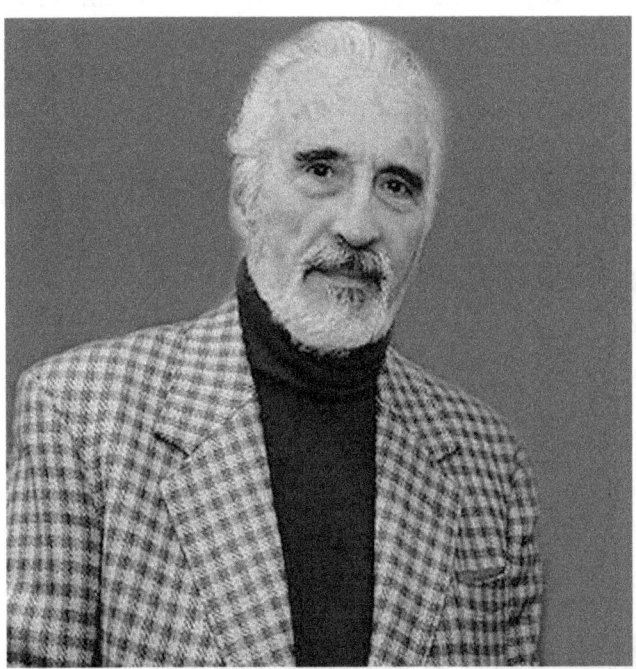

Nadie se creía que pudiera encontrarse un actor que fuera capaz de hacer olvidar al público a Bela Lugosi en el papel de Drácula, pero lo cierto es que la elección fue tan acertada que hoy en día se recuerda más a Christopher Lee como príncipe de las tinieblas que a cualquier otro, incluido el actor que hizo de Drácula en la película de Coppola.

Nacido el 27 de mayo de 1922 en Londres, (aunque de ascendencia gitana por parte de padre), Lee tiene detrás de sí un linaje verdaderamente notorio ya que desciende del mismísimo Carlomagno, siendo sus antecesores personajes importantes de la nobleza italiana. Dotado de una gran estatura que a priori es siempre un inconveniente en el cine (es difícil encuadrarle la cabeza cuando trabaja junto a otros actores), fue precisamente este detalle lo que le dio la suficiente prestancia en su papel de Drácula como para que los aficionados olvidasen pronto al legendario Lugosi.

La primera película en la que intervino fue en "Corridor of Mirrors" (La extraña cita) en 1947, a la que siguieron "Hamlet" en 1948, "Valley of the Eagles" en 1951, "Moulin Rouge" en 1953 y "Moby Dick" en 1956. Al año siguiente firma ya su contrato con la Hammer y hace el papel de la Criatura en "The curse of Frankenstein" (La maldición de Frankenstein) con un éxito total, el cual fue superado posteriormente por "Drácula".

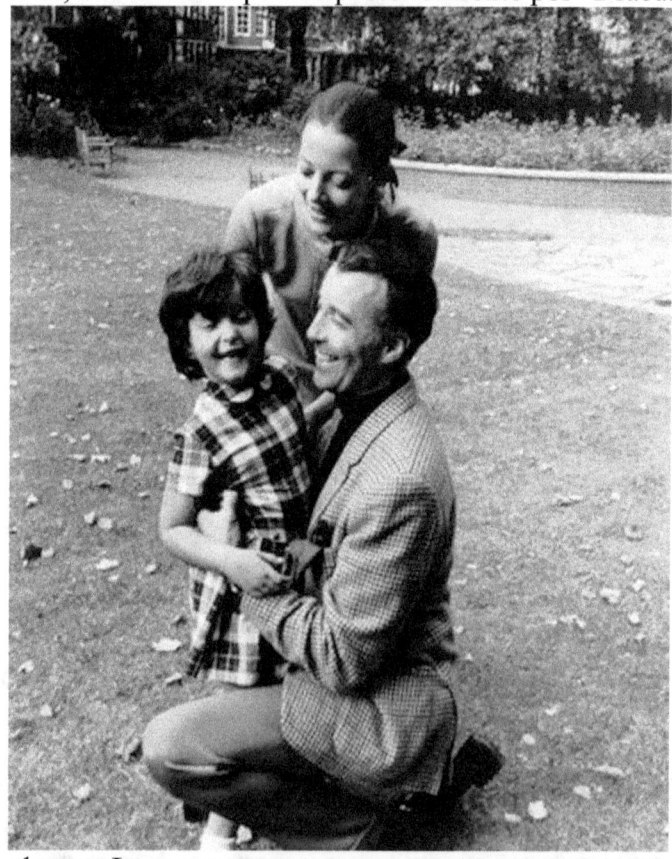

Sin embargo, Lee nunca estuvo muy a gusto con sus personajes terroríficos, ya que, entre otras cosas, le mantenían prácticamente mudo, especialmente en el papel de monstruo o de la Momia. Incluso cuando interpretaba al refinado Conde Drácula las concesiones al diálogo eran tan pequeñas que se aprendía las frases en pocos minutos. Al igual que un mimo, toda su interpretación debía estar reflejada en su rostro y sus ademanes majestuosos.

Eterno malo en todas sus películas, aunque seductor irresistible con las mujeres, no provocó nunca rechazo en el espectador y eso que su sola presencia producía un rictus de pánico.

Murió el 7 de junio de 2015.

Filmografía esencial:
El perro de Baskerville (1959), La Momia (1959), Las dos caras del Dr. Jeckyll (1960), Los piratas de río Amarillo (1962), The evil de Frankenstein (1964), Drácula (1966), Rasputín (1966), Drácula vuelve de la tumba (1968), Taste the Bood of Drácula (1970), Scars of Drácula (1970), Julio César (1970), Drácula 1972 (1972), Los ritos satánicos de Drácula (1973), El hombre de la pistola de oro (1974), Los tres mosqueteros (1973), Aeropuerto 77 (1977), 1941 (1979), El retorno del Capitán invencible (1982), Aullidos 2 (1982), Gremlins 2 (1990), La amenaza fantasma (1999), El señor de los anillos (trilogía).

LA SANGRE DEL VAMPIRO
Blood of the vampire (1958)

Director: Henry Cass
Guión: Jimmy Sangster
Fotografía: Geoffrey Seaholme
Música: Stanley Black

Intérpretes:
DONALD WOLFIT: Callistratus
VINCENT BALL: Dr. John
BARBARA SHELLEY: Madeleine

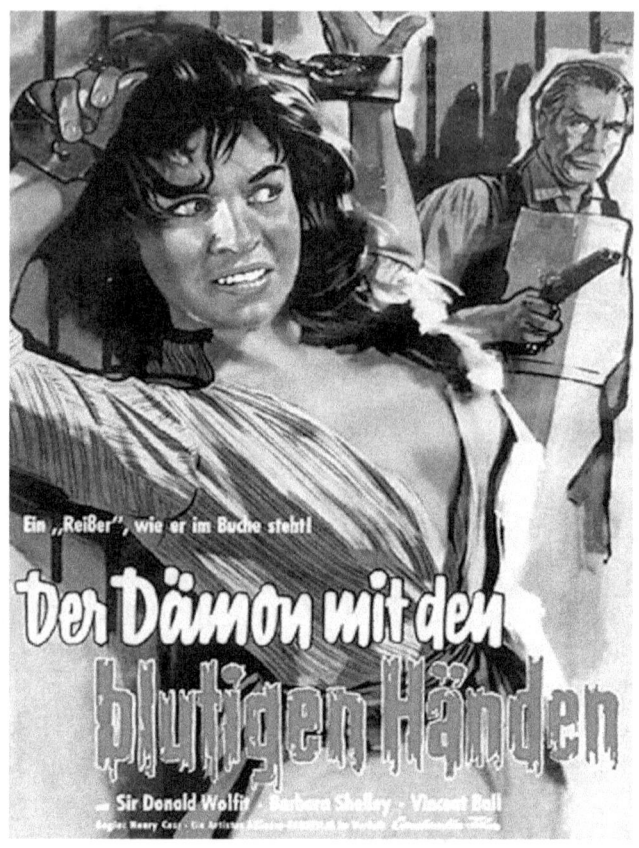

Ein „Reißer", wie er im Buche steht!

Der Dämon mit den blutigen Händen

... Sir Donald Wolfit · Barbara Shelley · Vincent Ball

Cuando un doctor es enviado a prisión acusado de asesinato encuentra el modo de trabajar en experimentos sangrientos con el guarda, pues los presos han contraído una enfermedad que requiere transfusiones periódicas.

La historia nos muestra un equivalente al concepto del vampirismo, y por ello se percibe la influencia de la corriente cinematográfica de entonces. Escrita por Jimmy Sangster, este sucedáneo sangriento entretiene, lo que ya es bastante, y eso que la copia proyectada en color estaba sumamente defectuosa. Nuevamente vemos en pugna a la ciencia racional contra la superstición oculta, lo que asegura un público fiel, especialmente en un momento en el cual todavía estaba reciente el éxito de *Drácula* y *Frankenstein*.

Mostradas algunas escenas con suma violencia, tal y como corresponde a la época que trata de describir, esta película británica fue considerada entonces como una de las más brutales. El doctor Callistratus es en realidad un vampiro, y por eso la acción transcurre de nuevo en la Transilvania de 1814, más que nada para aprovechar los paisajes sombríos, siempre húmedos, aunque estamos seguros que en ese país y esa época, también salía el sol y florecían las rosas. No perderse los profundos escotes de Barbara Shelley, una necesidad visual ante tanto vampiro de dientes afilados.

LAS NOVIAS DE DRÁCULA
Brides of Dracula (1960)

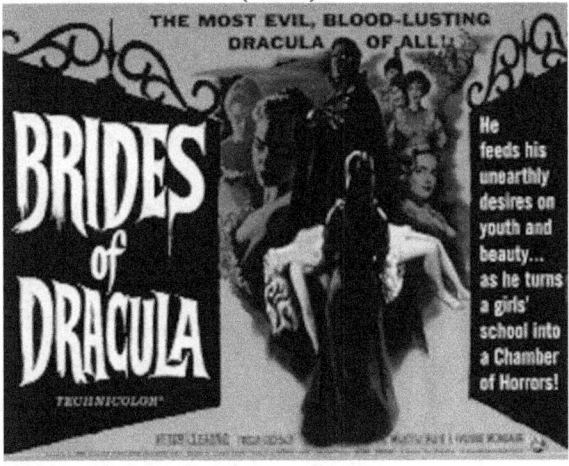

Guión: Jimmy Sangster
Director: Terence Fisher

Intérpretes:
PETER CUSHING: Van Helsing
DAVID PEEL: Barón Meinster/vampiro
FREDA JACKSON: Greta

Unas mutilaciones en masa llevan a la policía hasta el joven y sexy –a su manera- Barón Meinster, quien debe pelear de nuevo con el incansable Van Helsing, aunque ahora se le unirán guapas vampiras sedientas de sangre humana. Nada nuevo en apariencia en esta película que, sin embargo, tiene algo de especial, al menos para muchos de sus admiradores. Todos sabemos que realmente Drácula es un incorregible romántico, y por eso siempre busca hermosas mujeres a quien seducir, algo que en esta película se da con mayor frecuencia si cabe.

Con gran dosis de erotismo, incestos, lesbianismos y homosexualidad, este filme supone un intento para impresionar al público y conseguir, además, que las mujeres también acudiesen a este tipo de cine. El guapo actor que interpreta al vampiro jefe, un actor rubio impecable, era el reclamo necesario para las féminas. Lo que no dijeron es que Christopher Lee había rechazado realizar de nuevo el papel de Drácula y tuvieron que proponérselo rápidamente a David Peel.

La habilidad de Terence Fisher en el género que le dio fama proporciona unos notables resultados, especialmente visibles con ese decorado que simula el castillo de Meinster, o en su habilidad para modificar la profundidad de campo, desenfocando lo estrictamente necesario para que nos creamos que todo es real.

El mayor problema estuvo en el guión, modificado tantas veces que no encontramos una coherencia en la trama, aunque al final tenemos lo que nos importa: guapas chicas, un vampiro sagaz y esbelto, y un magnífico Peter Cushing.

El director:
TERENCE FISHER

Nacido el 23 de febrero de 1904 en Maida Vale (Londres) y huérfano de padre desde los cuatro años, el joven Fisher es ingresado primeramente en el Christ's Hospital y posteriormente en una escuela militar, la cual abandona para enrolarse en un carguero mercante, donde recorrerá el mundo durante cinco años.

De regreso a Londres, se aficiona al cine en un intento de romper su monótona vida de dependiente de tejidos, consiguiendo entrar en una productora simplemente para hacer sonar la claqueta. Poco a poco sus trabajos se hacen más técnicos y pronto le encontramos como tercer asistente del director en "Aunt Rally" (1933), bajo la dirección de Tim Whelan. También realiza labores como montador, contribuyendo así a evitar el deterioro cinematográfico de su país en la posguerra. Gracias a ello la productora Rank le propone dirigir algunos filmes modestos, y le vemos firmando obras como "Colonel Bogey" (1947) y "A Song For Tomorrow" (1947), así como su primer éxito "Portrait From Life" (1948). Sin embargo, tres años más tarde la Hammer-Lippert le contrata para un trabajo esporádico, aunque esta unión duraría nada menos que veinte años.

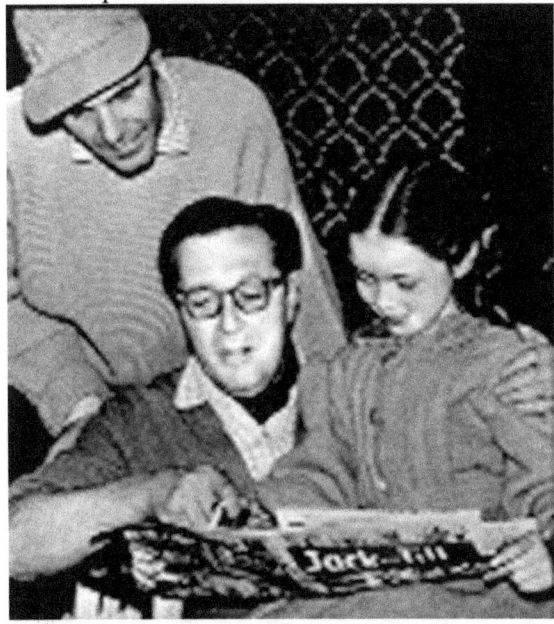

1953 es para Fisher un buen año, si bien el comienzo es desconcertante: "Blood Orange" y "Three's Company", este último una recopilación de tres episodios para la Douglas Fairbants Presents, dos de los cuales son de Fisher, constituyen un fracaso. Afortunadamente ese mismo año rueda dos buenos filmes negros, "Face The Music" y "Murder By Proxy", quizá su mejor película en esta primera etapa de la Hammer.

Durante los dos años siguientes Fisher trabaja para pequeñas productoras en películas cada vez más mediocres, pese a su buen hacer detrás de la cámara. Lo cierto es que Fisher no está demasiado contento con sus películas, la gran mayoría son de escaso presupuesto, con actores desconocidos e historias sin apenas interés. Ve un futuro bastante pésimo, pero todo cambia cuando recibe una llamada de la Hammer para rodar un film de terror con actores conocidos y el mayor presupuesto que ha manejado la productora.

"La maldición de Frankenstein" le permite conocer al que sería su mejor colaborador, el actor Peter Cushing y contar con un equipo técnico al cual ya no abandonará sino en contadas ocasiones. Posteriormente, con "Drácula" consigue afianzarse como director y dotar a sus filmes de un estilo propio. También realizaría películas para otras productoras, como "Sherlock Holmes y el collar de la muerte", pero su mayor producción sería siempre para la Hammer.

El último filme fue en 1973, "Frankenstein y el monstruo del infierno", pues aunque quería seguir trabajando la productora no se lo permitió a causa de su edad, falleciendo el 18 de junio de 1980, a la edad de 76 años en Twickenham.

Filmografía esencial:

Song of Tomorrow (1948), Chantaje criminal (1952), Spaceways (1953), La maldición de Frankenstein (1957), Drácula (1958), La venganza de Frankenstein (1958), El perro de Baskerville (1959), La momia (1959), Las novias de Drácula (1960), Las dos caras del Dr. Jekyll (1960), La maldición del hombre lobo (1961), El fantasma de la ópera (1962), Drácula, príncipe de las tinieblas (1966), S.O.S.: el mundo en peligro (1966), Frankenstein creó a la mujer (1967), El cerebro de Frankenstein (1969), Frankenstein y el monstruo del infierno (1974).

DR. TERROR Y LA CASA DE LOS HORRORES
Dr. Terror's House of Horrors (1964)

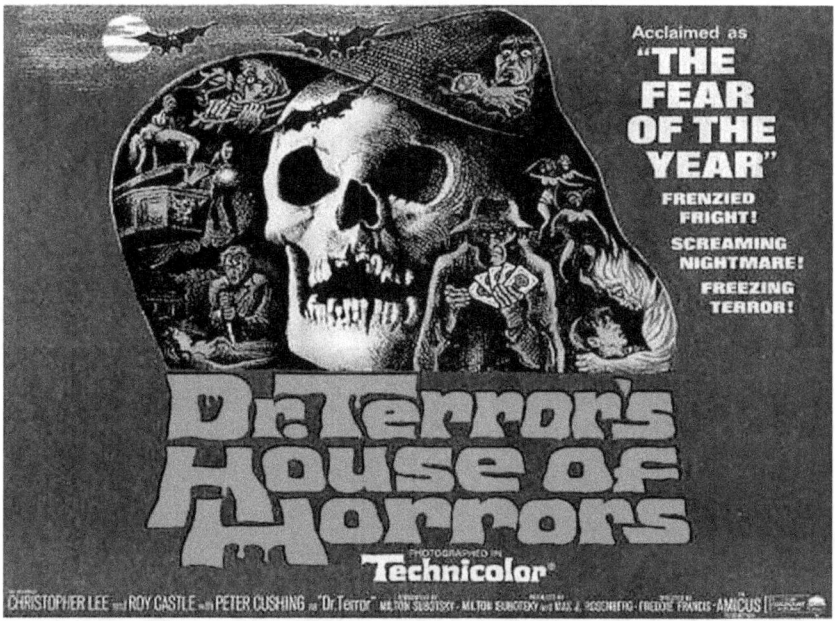

Productor: Milton Subotsky y Max J. Rosenberg
Director: Freddie Francis
Guión: Subotsky
Fotografía: Alan Hume
Música: Tubby Hayes

Intérpretes:
PETER CUSHING: Dr. Shreck
NEIL MCCALLUM, URSULA HOWELLS, PETER MADDEN: Hombre lobo
ROY CASTLE, KENNY LYNCH: Voodoo
CHRISTOPHER LEE, MICHAEL GOUGH: Crawling Hand
DONALD SUTHERLAND, IRENE RICHMOND: Vampiros

Cinco extranjeros suben a un tren y allí tienen lugar varias historias perfectamente ensambladas: Un arquitecto vuelve a su hogar para vengarse de un hombre lobo; un doctor descubre que su nueva esposa es una vampira; una planta enorme asume el control una casa; un músico consigue implicarse en el vudú; y una mano autónoma persigue a un crítico de arte.

Entretenida película, aunque los escasos minutos dedicados a cada una impiden que el espectador pueda asumir perfectamente la historia.

LOS DIABLOS DE LA OSCURIDAD
Devils of Darkness (1965)

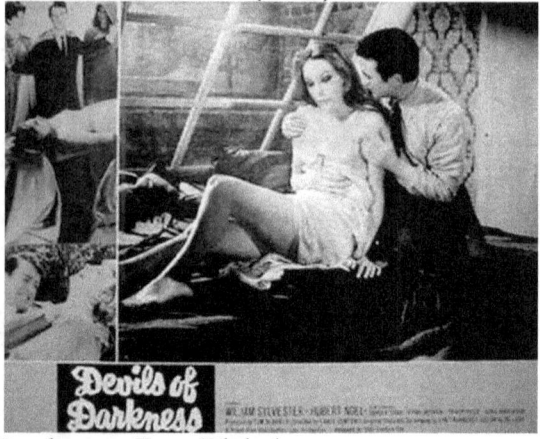

Productor: Tom Blakeley
Director: Lance Comfort
Guión: Lyn Fairhust
Fotografía: Reg Wyer
Música: Bernie Fenton

Intérpretes:
WILLIAM SYLVESTER
HUBERT NOEL
TRACY REED
CAROLE GRAY

Una nueva productora, la Tom Blakeley Planet Productions, intenta hacer sombra a la por entonces poderosa Hammer, y nos muestra una historia centrada en tiempo actual, por entonces el

1964. No obstante, los lugares son similares, pues hay nuevamente mansiones, iglesias, pasadizos, tiendas de antigüedades y muchos intrincados jardines. Dirigida por Lance Comfort, quien falleció al año siguiente, nos demuestra que los vampiros pueden ser sumamente educados, capaces de pintar bellos cuadros y hasta ocultar sus afilados colmillos para que nadie los vea, aunque son sumamente hábiles manejando el cuchillo. No obstante los indudables méritos del filme, con escenas sumamente impactantes, el fracaso económico fue total y solamente se pudo ver entonces en programa doble.

DRÁCULA, PRÍNCIPE DE LAS TINIEBLAS
Dracula, prince of darkness (1965)

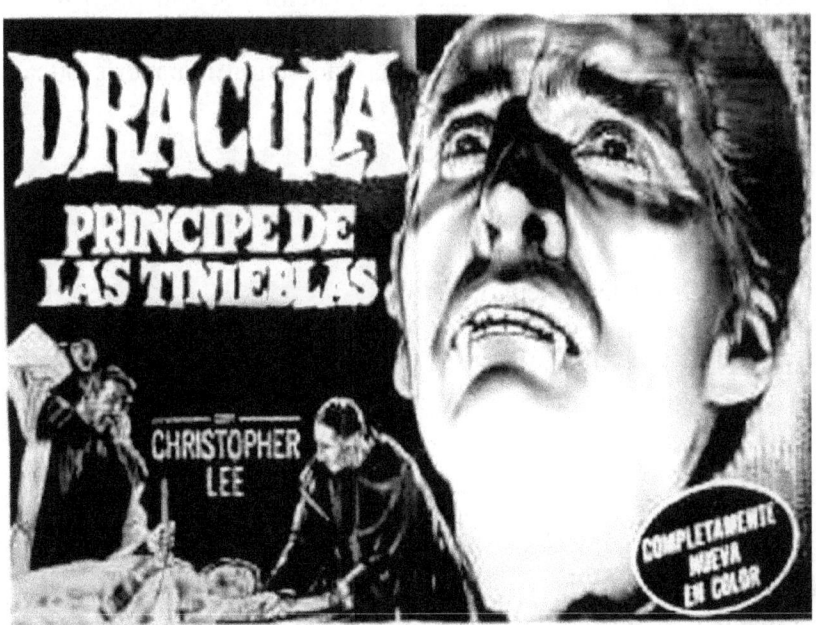

Guión: John Sansom
Director: Terence Fisher

Intérpretes:
CHRISTOPHER LEE: Drácula

BÁRBARA SÉLLER: Helen
ANDREW KEIR: Padre Sandor

Verdadera secuela de la primera entrega (incluso se ven escenas del anterior final), en la cual retorna Lee como vampiro y solamente por ello la película comienza a funcionar, aunque sigue sin articular palabra alguna. La ausencia de Cushing es probablemente uno de los inconvenientes, pues aunque contamos con el carismático Lee, su obstinada e incomprensible mudez (en la literatura es muy parlanchín) nos impide asimilar la historia con precisión. A su alcance siguen estando los cuellos de sus víctimas, y así, los 4 viajeros más el sacerdote son los inocentes protagonistas bordeados por las sombrías artes de Drácula. Hay una escena digna de mencionarse, un poco más sangrienta que las habituales, y es cuando vemos a Charles Tingwell colgado como si fuera una vaca en el matadero, boca abajo.

THEATRE OF DEATH
Blood Fiend (1966)

Productor: Michael Smedley Aston
Director: Samuel Gallu
Guión: Ellis Kadison y Roger Marshall
Música: Elizabeth Lutyens

Intérpretes:
CHRISTOPHER LEE: Philippe Darvas
LELIA GOLDONI: Daria
JENNY HILL: Nicole
IVOR DEAN: Inspector

Nuevamente Lee se nos muestra como la mejor estrella del cine británico, ahora en el papel de Phillipe Darvas, el director del Teatro de la Muerte en París. Atraído por los juegos macabros, un cirujano comienza a frecuentar el teatro al mismo tiempo que una serie de asesinatos inundan París, llegando las pesquisas hasta el mismo teatro, justo detrás de las bambalinas. Pronto, el principal sospechoso es el propio director.

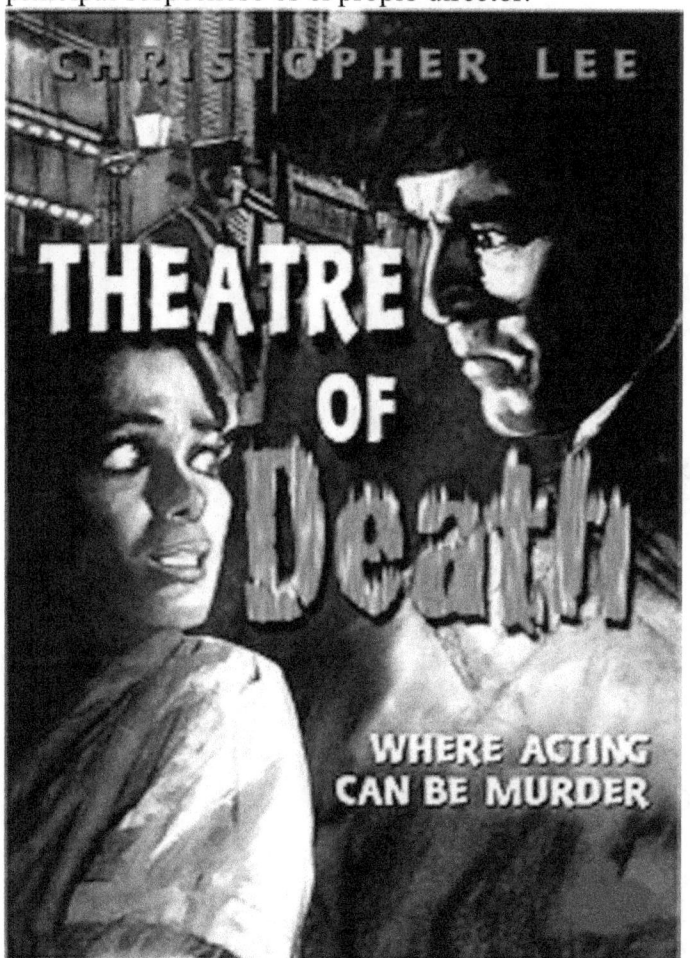

La película es una típica producción de la Hammer, aunque realizada por Pennea Productions y distribuida por productores independientes. Gallu demuestra una cierta habilidad con la cámara, así como Gilbert Taylor con la fotografía, faceta que se puede apreciar especialmente en la versión en DVD. No obstante, la película es Christopher Lee, y él lo sabe, pues su presencia es poderosa, llegando a eclipsar al resto de los actores e incluso a los técnicos.

EL BAILE DE LOS VAMPIROS
The fearless vampire killers 1967

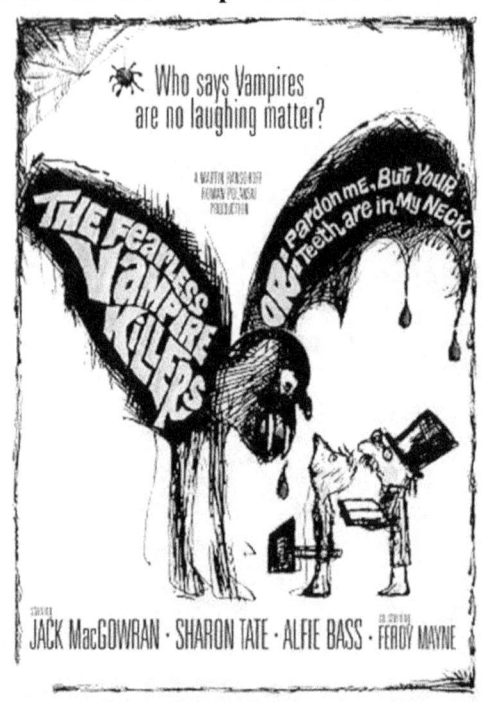

Productor: Gene Gutowski
Director: Roman Polanski
Guión: Gérard Brach y Roman Polanski
Fotografía: Douglas Slocombe
Música: Krzysztof Komeda

Intérpretes:
SHARON TATE: Sarah Shagal
JACK MacGOWRAN: Prof. Abronsius
ROMAN POLANSKI: Alfred
ALFIE BASS: Shagal
JESSIE ROBINS: Señora Shagal

Nuestros protagonistas, entre ellos un viejo y distraído profesor, llegan a un castillo habitado por vampiros, algunos muy burlones. Allí todo es insólito, sumamente tenebroso, y aunque algunos detalles presagian que les van a chupar la sangre ellos no se dan cuenta, o si lo hacen es ya demasiado tarde. Afortunadamente, los espejos no reflejan a los vampiros y durante el baile en el gran salón logran descubrirles, pero la tarea para sobrevivir es mucho más complicada y tenebrosa de lo que parece.

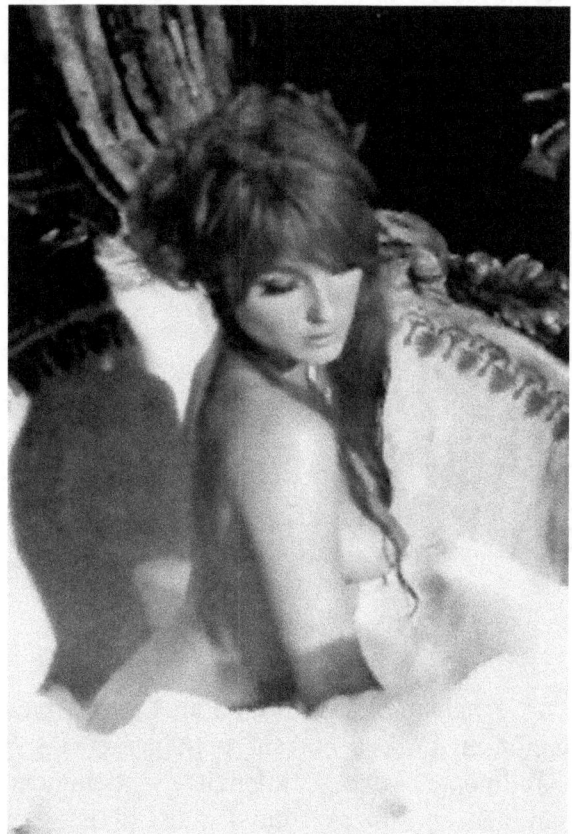

Comedia sobre el mundo de los vampiros que tuvo gran éxito en su momento y que aún hoy se ve con agrado. La presencia de ambos esposos juntos, Sharon y Román, así como la trágica muerte de ella, le dan más interés a la película. El director tendría que exiliarse definitivamente a Europa poco después, a causa de pesar sobre él una acusación de violación a una chica de 18 años. Aunque ella reconoció mucho después que realmente consistió, Polanski sigue siendo considerado con un prófugo de la justicia.

Un dato ciertamente curioso es que el filme sufrió una mutilación de 20 minutos en su estreno en América y España, y a punto estuvo de ser clasificada como X, algo que ahora nos mueve al asombro, cuando no a la risa. Mucho nos tememos que realmente fueron los vampiros homosexuales la causa, y no los desnudos esbozados de la guapa Sharon Tate.

El director:
ROMAN POLANSKI

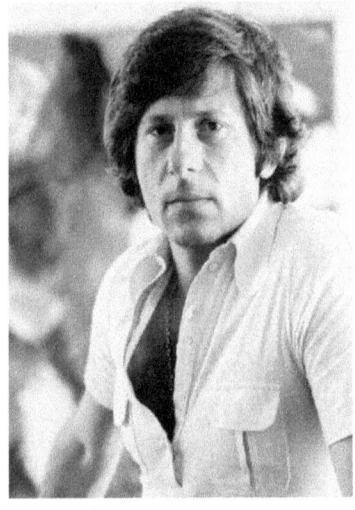

Nacido el 18 de agosto de 1933 en París, se ha ganado una sólida reputación en Europa por sus películas en las cuales ha mezclado hábilmente sexo, violencia y denuncia social. Triunfante también en América, tuvo que exiliarse para evitar ingresar en prisión a causa de una denuncia en la cual estaba involucrada una chica menor de edad.

Sus primeros triunfos fueron con "Repulsión" (1965) y "Cul De Sac" (1966), aunque comercialmente logró mejores resultados con "El baile de los vampiros" (1967), filme con el cual Polanski trabajó con la actriz estadounidense Sharon Tate, su posterior esposa. Cuando estrenó "La Semilla del Diablo" su prestigio aumentó, pero desdichadamente ocupó nuevamente las páginas de los periódicos a causa de la trágica muerte de su esposa Sharon. Asesinada junto a unos amigos por Charles Manson, la desesperación que invadió a Polanski no le impidió rodar "Macbeth" (1971), enlazando con un nuevo éxito, "Chinatown" (1974).

Cuando en 1977 Polanski fue arrestado en California acusado de mantener intercambios sexuales ilegales con una niña de trece años, y después de permanecer cuarenta y dos días bajo observación psiquiátrica en California, huyó de los Estados Unidos para refugiarse en Francia, donde hizo su próxima película, "Tess" (1979), retornando en 1981 a Polonia para dirigir e interpretar una producción sobre Amadeus.

El 20 de mayo de 2012 presentó en el Festival de Cannes su cortometraje A Therapy (*Una terapia*), protagonizado por Ben Kingsley y Helena Bonham Carter, para promocionar la firma de moda Prada.

"Basada en hechos reales" (2017) es una adaptación de la novela francesa del autor Delphine de Vignan. La película sigue a una escritora (Emmanuelle Seigner) quien lucha por finalizar una nueva novela, mientras es seguida por una fan obsesionada (Eva Green). La película participó en la edición 2017 del Festival de Cine de Cannes.

Filmografía esencial:

El cuchillo en el agua (1962), Repulsión (1965), Callejón sin salida (1966), El baile de los vampiros (1967), La semilla del diablo (1968), Macbeth (1971), Tess (1979), Piratas (1986), Frenético (1988), Lunas de hiel (1992), La muerte y la doncella (1994), La novena puerta (1999), El pianista (2002).

DRÁCULA VUELVE DE LA TUMBA
Dracula has risen from the grave 1968

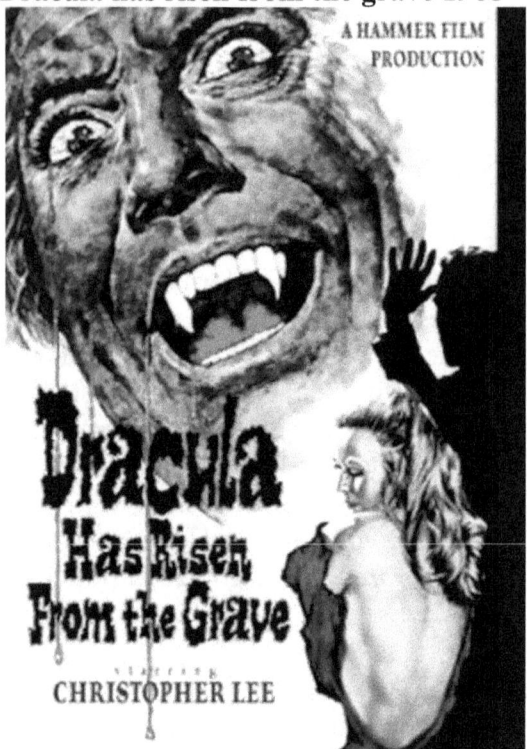

Guión: John Elder
Director: Freddie Francis

Intérpretes:
CHRISTOPHER LEE: Drácula
RUPERT DAVIES: Monseñor
VERÓNICA CARLSON: María

Aunque el director debería volver a ser Fisher, un accidente le impidió trabajar en ella, pero por fortuna la película no resultó del todo mala teniendo en cuenta que todo el equipo y la realización estaba ya establecidos.

La historia, centrada en el año 1905, nos relata la llegada de Monseñor Ernst (Rupert Davies) al castillo de Drácula, cercano a una aldea donde todos tienen un pánico atroz al vampiro. Al llegar realiza un exorcismo, pero su compañero restablece accidentalmente la vida del vampiro y todos empiezan a temblar. Como sabemos que los vampiros tienen un alma eterna y solamente necesitan un poco de sangre fresca para recuperar su poder, cuando retorna lo hace con mayor poder y experiencia, pues tiene buena memoria y cuando vuelve a la vida lleva en su mente un gran odio.

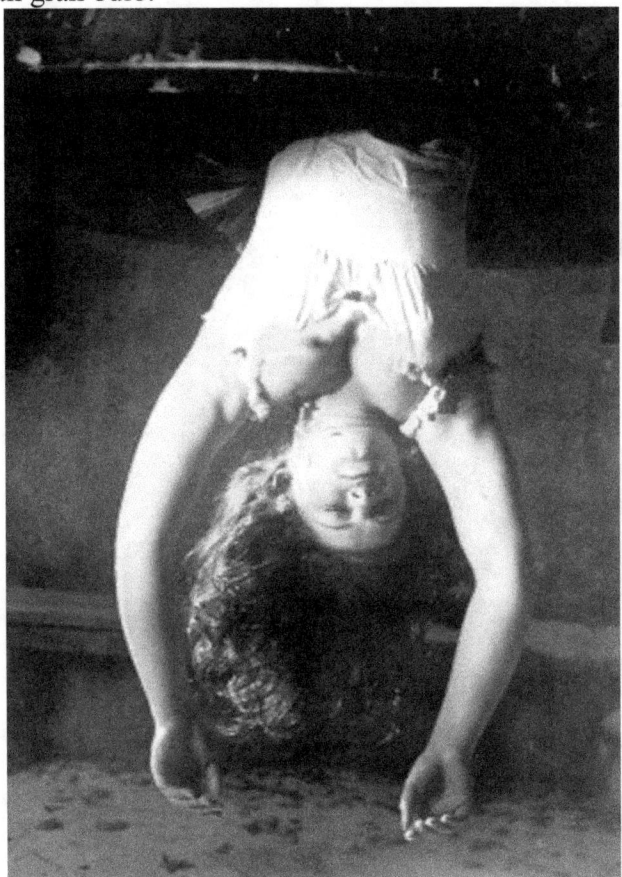

La primera ronda de películas de terror de la Hammer eran ciertamente originales, mientras que la segunda entrega trataba de repetir las mismas escenas que antes habían triunfado. Luego llegó una tercera generación, de la que este filme es un claro exponente, haciendo énfasis en la sangre derramada y el sexo, abriendo la puerta para los nuevos espectadores que se avecinaban. Y por supuesto el protagonista tiene que ser Christopher Lee, pues no podríamos soportar a nadie que no fuera él. Sin embargo, en esta ocasión tiene menos intervención que en otros anteriores filmes, pero cuando sale todo es intenso, posiblemente porque ahora desarrolla un comportamiento intelectual superior a películas anteriores.

EL PODER DE LA SANGRE DE DRÁCULA
Taste the Blood of Dracula (1969)

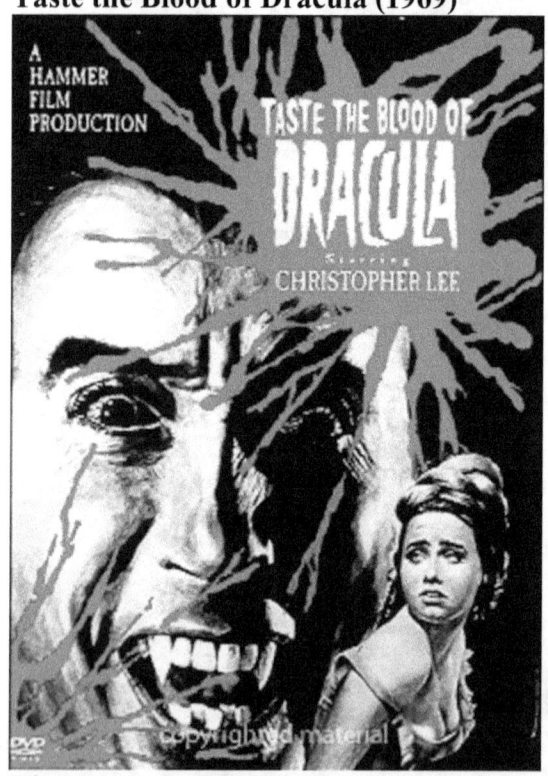

Director: Peter Sasdy
Guión: John Elder
Fotografía: Arthur Grant
Música: James Bernard

Intérpretes:
CHRISTOPHER LEE: Drácula
GEOFFREY KEEN: William Hargood
GWEN WATFORD: Martha Hargood
LINDA HAYDEN: Alice Hargood

Tres personajes adinerados conocen en un burdel a Lord Courtley, una mente retorcida amante del ocultismo, quien tiene la pretensión de realizar una ceremonia de magia negra para revivir al espíritu de Drácula. Todo se complica cuando Courtley bebe durante el ritual la sangre del conde, enloqueciendo por ello y siendo asesinado por sus atemorizados compañeros. Por supuesto, la magia negra hace que Drácula vuelva a la vida en el cuerpo del aristócrata muerto y jura vengarse de quienes han acabado con su benefactor.

A punto de entrar en la década de los 70, las películas de Drácula comenzaban a cansar a Christopher Lee, quien no deseaba continuar con el personaje, por lo que hubo que aumentarle grandemente el sueldo para que aceptara. John Elder (Anthony Hinds) escribió un primer guión que iba a tener como protagonista a un nuevo vampiro, Lord Courtley, pero luego se reformó para incluir de nuevo al Drácula tradicional.

La historia no tiene la solvencia de otros filmes, pues la magia negra no parece encajar en estos personajes, aunque la buena labor de Peter Sasdy, quien ese mismo año lanzó a la fama a Ingrid Pitt como la Condesa de Drácula, logró los honorables resultados apetecidos. Las alegorías al Dr. Jekyll y Mister Hyde son la nota desafortunada y prescindible, salvado todo por un estilo visual gótico acertado, completado con los trajes apropiados de la época, y una gran secuencia de la resurrección del vampiro.

THE VAMPIRO LOVERS
(1970)

Director: Roy Ward Baker
Guión: Tudor Gates
Basada en la obra "Carmilla" de J. Sheridan Le Fanu
Fotografía: Moray Grant
Música: Harry Robinson

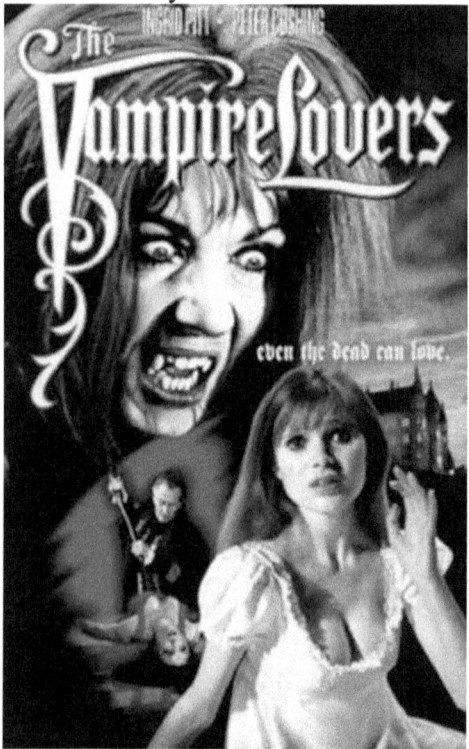

Intérpretes:
INGRID PITT: Carmilla Karnstein
MADELINE SMITH: Emma Morton
PETER CUSHING: El General
PIPPA STEELE: Laura
GEORGE COLE: Mr. Morton

Decepcionante esta versión cinematográfica de la legendaria
historia de vampiros, más cercana a una obra de suspense y sexo
que a una nueva versión de Drácula. Centrada en Nueva York,

los voluptuosos vampiros viajan de forma insólita para acercarse a sus víctimas, casi siempre bellas mujeres, aunque Carmilla no hace ascos a nadie cuando necesita apagar su sed de sangre. Pronto la masacre se generaliza, hasta que las estacas comienzan a detener a estos asesinos nocturnos, sexys y salvajes.

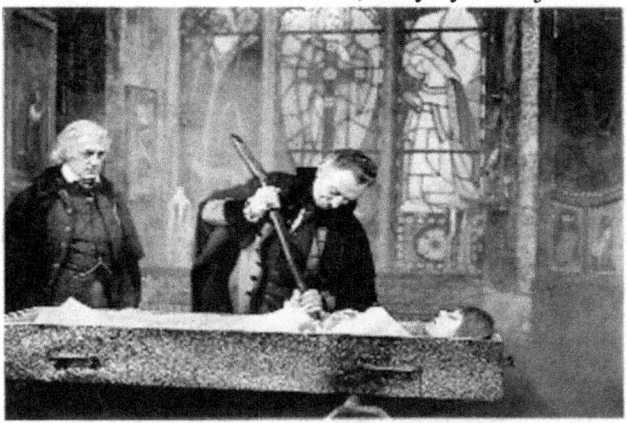

La llegada de los eróticos vampiros marca el comienzo del declive del cine de vampiros de la productora Hammer, especialmente porque las novedades escaseaban y los protagonistas antiguos no querían participar. La reducción drástica de los presupuestos y las severas normas de censura, impidieron que tuvieran que esbozar cada vez más la sangre y sexo, algo que el público demandaba cada vez con mayor insistencia.

El actor:
PETER CUSHING

Nacido en Kenley, Surrey -Inglaterra- en 1913, sintió desde muy niño una gran pasión por el teatro, lo que le llevaría a abandonar la casa paterna cuando apenas tenía 20 años para irse a los Estados Unidos. En 1939 interpreta ya su primera película "The man of the Iron Mask" (La máscara de hierro), a la que siguieron "Hamlet" (1947) y "Moulin Rouge" (1953), regresando al año siguiente a Inglaterra para trabajar en el "Entertainments National

Service Association", así como en la compañía de teatro Old Vic y en la televisión, lo que le haría ganar varios Emmys.

No sería, sin embargo, hasta el año 1957 cuando salta a la fama mundial interpretando el papel de Víctor Frankenstein en el film

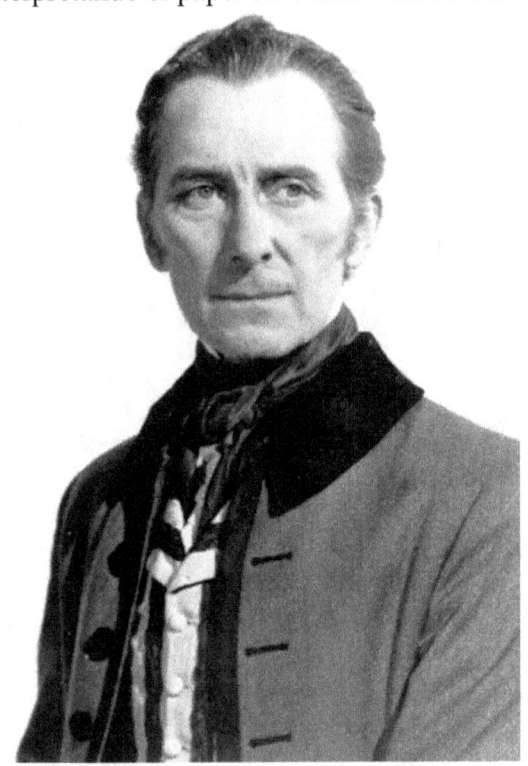

"The curse of Frankenstein", el de Van Helsing en "Drácula" (1958), y el del detective Sherlock Holmes en "El perro de Baskerville" en 1959.

Dotado de una elegancia al estilo más tradicional de un Lord inglés y con unos ademanes tan refinados y exquisitos que hacía parecer vulgares a su lado al resto de los actores, Cushing fue el último caballero del cine, del mismo modo que antes lo fueron David Niven y Clifton Webb. Sin embargo y a diferencia de estos, Cushing fue capaz de inspirar respeto, en ocasiones miedo, entre el público y su imagen menuda no supuso nunca un inconveniente para imponer su presencia.

Viril sin caer en el machismo, ágil y rápido como pocos (aunque nunca fue un deportista) y con una forma de mirar que nadie fue capaz de imitar, esta leyenda del cine fue rescatada de la ignorancia de los críticos en la película "La guerra de las galaxias", y desde ese momento todo el mundo se dio cuenta que habían encasillado como actor de películas de serie B a un mito viviente.

La muerte de su mujer en 1971 sumió a Cushing en una profunda melancolía, pues según sus propias palabras: "Siempre he dicho que nací en 1913, empecé a vivir en 1941 cuando conocí a Helen, y morí en 1971 cuando ella falleció". Pero otros factores vendrían a socavar la moral de este actor, especialmente el cierre de la Hammer y la muerte de su amigo Terence Fisher en 1980, retirándose definitivamente de la pantalla en 1986 con el filme "Biggles, el viajero del tiempo", agradable filme que supuso su canto de cisne cinematográfico.

Cuando le diagnosticaron un cáncer irreversible escribió su autobiografía, al mismo tiempo que dedicó su tiempo libre a recaudar fondos para la lucha contra el cáncer, y a disfrutar de la observación de los pájaros y la pintura. De esa misma época son los libros "Peter Cushing's Tudor Tea Room Profiles", recopilación de caricaturas dibujadas por él, y "The Bois Saga", un cuento de fantasía que contenía también dibujos propios. En 1988, la Reina Isabel II le otorgó la Orden del Imperio Británico "por su contribución al entretenimiento internacional", pero deseando seguir en activo artístico retornó a la pequeña pantalla con su bien reconocido personaje de Sherlock Holmes. Murió en agosto de 1994.

Filmografía esencial:
Vampiros (1986), Biggles: el viajero del tiempo (1986), Top secret (1984), Sherlock Holmes y la máscara de la muerte (1984), El caballero verde (1982), Historia de dos ciudades (1980), La guerra de las galaxias (1977), Kung-fú contra los siete vampiros de oro (1974), Casa de locos (1974), Dr. Terror's House of

Horror (1964), Brides of Drácula (1960), Horror of Drácula (1959), The curse of Frankenstein (1957).

LA MANSIÓN DE LOS CRÍMENES
The House that Dripped Blood (1970)

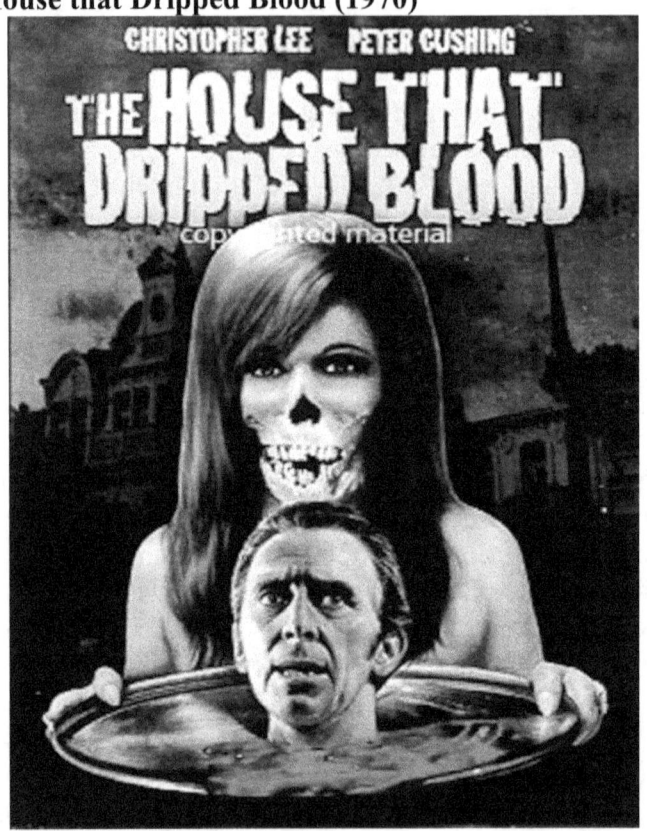

Director: Peter Duffell
Guión: Robert Bloch
Fotografía: Ray Parslow
Música: Michael Dress

Intérpretes:
1. "Method for morder"

DENHOLM ELLIOTT, JOANNA DUNHAM, TOM ADAMS.
2. "Museo de cera"
PETER CUSHING, JOSS ACKLAND, WOLFE MORRIS.
3. "Sweets to the Sweet"
CHRISTOPHER LEE, NYREE DAWN PORTER.
4. "Historia de vampiros"
INGRID PITT: Carla
JON PERTWEE: Paul Henderson

Las cuatro desiguales historias, ambientadas en una oscura mansión, tétrica y fantasmal, permanecen ligeramente hilvanadas por una investigación policial escrita por Robert Bloch.

1) *Method for murder:* La sorpresa de un escritor, aficionado a realizar ritos esotéricos, es mayúscula cuando se da cuenta que el criminal a quien ha demandado ayuda viene de la tumba.

2) *Museo de cera:* Aquel museo de cera esconde muchas sorpresas, especialmente para un hombre solitario que ve con asombro como una de las figuras es igual a su fallecida esposa. Cuando investiga y hace preguntas directas al dueño del lugar, éste saca una enorme hacha, decidido a cortar los cuellos de los intrusos.

3) *Sweets to the sweet:* Nuevamente el vudú es el protagonista de una historia de terror, ahora conjurado por una joven problemática, quien está siendo cuidada por una institutriz. Un día, cuando ella fabrica un muñeco vudú con la misma imagen de su padre, al pobre hombre le empieza a doler la cabeza, especialmente cuando la chica clava un alfiler al muñeco.

4) *Historia de vampiros:* No ha sido fácil para ese actor lograr destacar en el mundo del teatro, por eso un día compra una capa y asume el papel de un vampiro, decidido a impresionar al espectador. No obstante, esa prenda tiene alma, precisamente la esencia de su antiguo dueño, un auténtico vampiro.

INCENSE FOR THE DAMMED
Bloodsuckers, Vampire Sacrifice (1970)

Director: Michael Burrowes (Robert Hartford-Davis)
Guión: Julian More
Basada en la obra "Doctors Wear Scarlet" de Simon Raven
Fotografía: Desmond Dickinson
Música: Bobby Richards

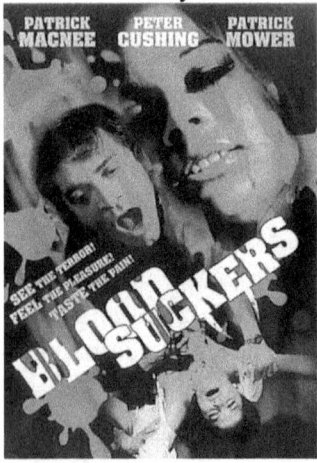

Intérpretes:
PETER CUSHING: Dr. Walter Goodrich
PATRICK MACNEE: Mayor Derek Longbow
PATRICK MOWER: Richard
MADELINE HINDE: Penélope

Esta insólita película está basada en la novela Doctors *Wear Scarlet* de Simon Raven, donde nos describen al hijo del Ministro de Asuntos Exteriores siendo seducido por una sociedad de vampiros adoradores del diablo. El estudiante en cuestión viaja a la isla griega de Hydra, donde establecerá el primer contacto con los vampiros y una vampira sádica.

El filme destila sexualidad por todos los lados, siendo retenida por la censura en numerosos países, aunque los resultados en taquillas fueron altos en los locales donde se exhibió. La trama es desordenada, con numerosas escenas sueltas que no tienen relación entre ellas, aunque la interpretación de Peter Cushing y las atractivas locaciones griegas, así como nuestra guapa vampira, nos hacen olvidar que estamos viendo un filme con largas persecuciones y aventuras, todo demasiado inadecuado para una supuesta película de terror con vampiros.

LAS CICATRICES DE DRÁCULA
Scars of Drácula (1970)

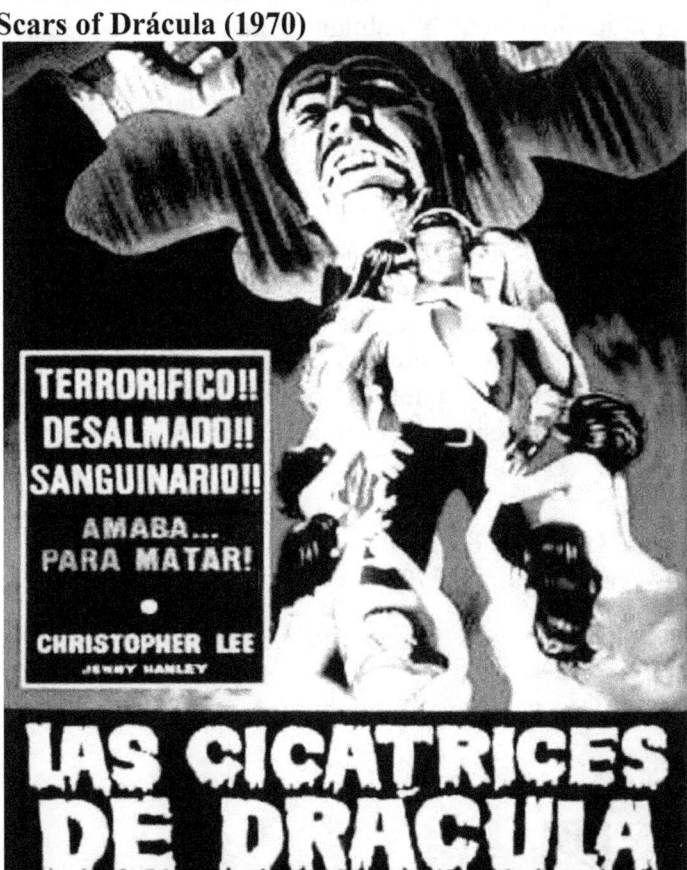

Director: Roy Ward Baker
Guión: John Elder (Anthony Hinds)
Fotografía: Moray Grant
Música: James Bernard

Intérpretes:
CHRISTOPHER LEE: Drácula
DENNIS WATERMAN: Simon
JENNY HANLEY: SARAH
CHRISTOPHER MATTHEWS: Paul

El legendario Christopher Lee es ahora un engendro que habita cerca de una aldea local cuyos habitantes han desafiado en el pasado el reinado del malvado conde. También hay una guapa chica que visita involuntariamente el castillo, quedando atrapada en su interior. La pregunta que se hacen los lugareños es: ¿El príncipe de la oscuridad ha vuelto para seguir dejando su marca de terror característica?
Los fans de Lee siempre han considerado que este filme era más violento que los anteriores, pero mucho nos tememos que no lo han valorado en su justa medida, pues hasta la violencia está más camuflada que en otras anteriores películas. La dirección del veterano Roy Ward, a quien conocemos por "La última noche del Titanic" y "Niebla en el alma", es en todo momento acertada.

CARRERA DE LA MUERTE
Scream and scream again (1970)

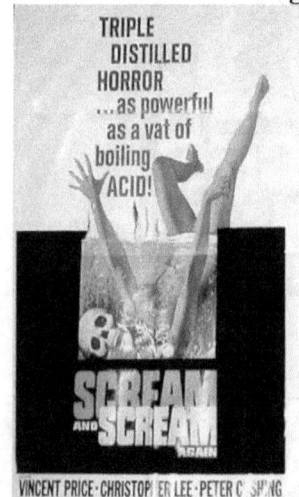

Director: Gordon Hessler
Guión: Christopher Wicking basado en la novela de Paul Saxon
Fotografía: John Coquillon
Música: Dave Whittaker

Intérpretes:
VINCENT PRICE: Dr. Browning
CHRISTOPHER LEE: Freemont
PETER CUSHING: Benedek

Una organización terrorista internacional utiliza a un científico loco para crear una raza de soldados mitad máquina, mitad humanos, cuya carencia de sentimientos les hace idóneos para las matanzas de los opositores. Además, para seguir construyendo este ejército necesitan órganos humanos, labor que desencadena nuevos asesinatos de inocentes. La historia está basada en el mismo autor de "Los niños del Brasil", en donde se explora la poesía del crimen, tal y como también se hizo en las aventuras del Dr. Phibes.

El problema de este inconexo filme es que los actores principales, Lee y Cushing, apenas salen unos cortos minutos, e incluso Vincent Price también tiene un papel secundario, por lo que todo el peso recae sobre actores desconocidos. También es desacertada la dirección y hasta el propio montaje, confundiendo cada vez más al espectador que intenta comprender la historia antes de que aparezca el precipitado final, lo que apenas logra.

El actor:
VINCENT PRICE
Este refinado y sombrío actor, de mirada penetrante, nació en 1911 con el nombre de Vincent Leonard Price en St. Louis, Missouri. Dedicado desde muy temprana edad al teatro y al cine, con el tiempo se convirtió en uno de los actores más respetados, llegando a colaborar con Orson Welles antes de ser contratado por la Universal.

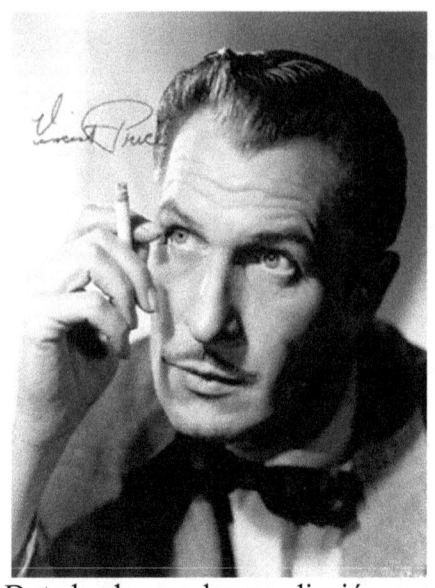

Dotado de una buena dicción y una forma de andar esquiva y hasta cierto punto desconcertante, logró ser el villano ideal en la mayoría de los filmes. Con su mujer Edith protagonizó algunas películas como "La canción de Bernardette" (1942) y "Las llaves del reino" (1943), así como "Yo anduve con un zombi" (1943) o "Alma rebelde" (1944).

Divorciado y casado posteriormente con Mary Grant, dejó los estudios Fox para seguir en solitario, pero muchas puertas se le cerraron por ello, debiendo volver al teatro, donde interpretó "Ricardo III" y "Don Juan in Hell", labor que abandonó cuando le propusieron interpretar "Los crímenes del museo de cera" en 1953. Con esta historia rodada en tres dimensiones volvería a triunfar y aunque se le intentó centrar en película fantásticas, lo cierto es que también actuó en comedias como "La gran noche de Casanova" (1954), y epopeyas como "Los diez mandamientos" (1956).

Tim Burton le rescató del olvido en el año 1990, cuando le propuso interpretar "Eduardo manostijeras", aunque sería el último filme interpretado por Price. También escribió algunos libros de cocina, muriendo finalmente el 25 de octubre de 1993 en Los Ángeles a los 82 años, antes de ver morir a su tercera esposa Coral Browne, con quien se había casado en 1974, un año después de conocerse en el rodaje de "Matar o no matar, este es el problema".

Filmografía esencial:
Service de Luxe (1938), The Private Lives of Elizabeth and Essex (1939), Laura (1944), Los crímenes del museo de cera (1953), Los diez mandamientos (1956), The House on Haunted Hill (1958), La mosca (1958), El retorno de la mosca (1959), House of Usher (1960), El péndulo de la muerte (1961), Nefertiti, Reina del Nilo (1961), Historias de terror (1962), El cuervo (1963), The Comedy of Terrors (1963), The Masque of the Red Death (1964), La Casa de las mil muñecas (1967), El abominable Dr. Phibes (1971), The Monster Club (1980), Eduardo Manostijeras (1990), A Century of Cinema (1994).

DRÁCULA Y LAS MELLIZAS
Twins of Devil (1971)

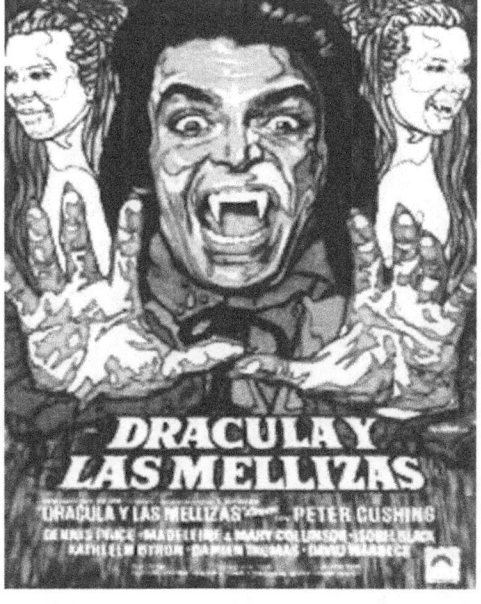

Director: John Hough
Guión: Tudor Gates
Basada en los personajes de "Carmilla" de J. Sheridan Le Fanu
Fotografía: Dick Bush
Música: Harry Robinson

Intérpretes:
MADELEINE COLLINSON: Frieda Gelhorn
MARY COLLINSON: Maria Gelhorn
PETER CUSHING: Gustav Weil
KATHLEEN BYRON: Katy Weil

Los Karnstein son unos personajes que ya han sido llevados anteriormente a la pantalla en dos ocasiones, lo que deja entrever que se trata de una sólida historia. Bien ambientada, correctas interpretaciones (entre ellas la de Cushing como el malvado), y unas guapas chicas en el papel de las mellizas, nos proporcionan un más que loable filme.
También destaca el actor Damián Thomas, quien sustituyó a Christopher Lee cuando este rechazó el papel, moviéndose con destreza entre tanta sangre y asesinatos, lo mismo que entre las hermosas vampiras.

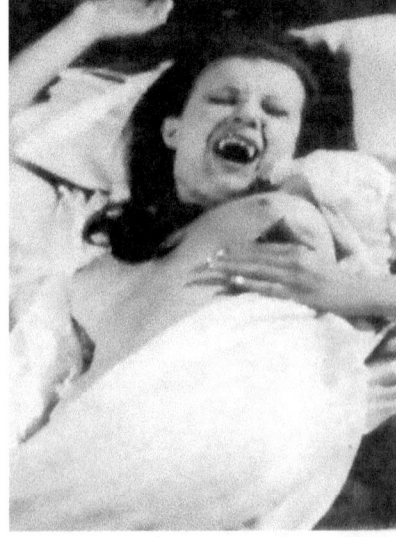

Las dos hermanas son eficaces chupando la sangre y seduciendo a los inocentes mortales que acuden para disfrutar de esos cuerpos que esconden almas negras, aunque una de ellas nos la muestren como un dechado de virtudes. La historia no sigue la línea marcada por las anteriores historias de vampiros, lo que casi supone un alivio, pues al menos nos encontramos con ciertas novedades argumentales.

VAMPIRE CIRCUS
(1971)

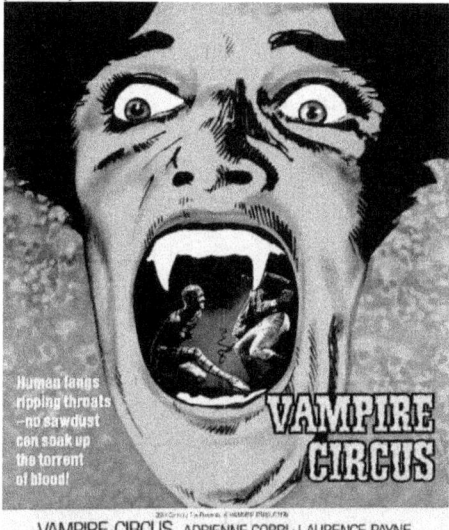

Director: Robert Young
Guión: Judson Kinberg
Basada en una historia de George Baxt y Wilbur Stara
Fotografía: Moray Grant

Intérpretes:
LAURENCE PAYNE: Mueller
THORLEY WALTERS: Burgomatre
JOHN MOULDER BROWN: Anton Kersh
LYNNE FREDERICK: Dora Mueller

Un circo europeo del siglo XIX atraviesa el continente europeo de ciudad en ciudad dando algunos espectáculos, aunque detrás de ellos ronda la muerte y pronto numerosos espectadores acaban siendo asesinados de modo misterioso. Poco a poco nos descubren que los integrantes de ese circo son vampiros, incluyendo los animales.

Aprovechando decorados de películas anteriores y empleando nuevamente los verdes prados ingleses e irlandeses, nos llevan a un ambiente nocturno conseguido gracias a los oportunos filtros fotográficos. La definición es mejor, indudablemente, pero los colores cambian tanto que hasta la sangre nos parece distinta a la luz de la ficticia Luna. También hay, para seguir la corriente en boga, numerosas escenas de desnudos femeninos, así como insinuaciones lésbicas por parte de las vampiras, pues ellas muerden cualquier cuello que se les ponga por delante. Pero ya las historias de vampiros estaban en pleno declive y no consiguió el éxito necesario.

DRÁCULA 72
Dracula A.D. (1972)

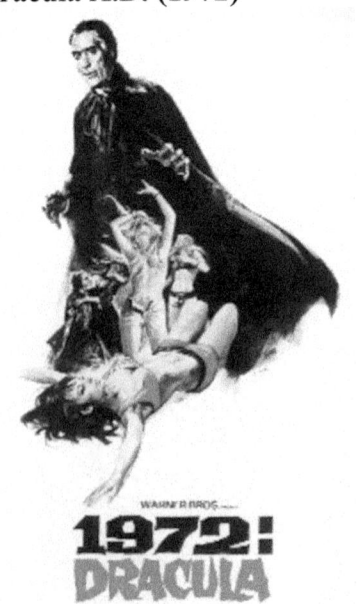

Guión: Don Houghton
Director: Alan Gibson

Intérpretes:
CHRISTOPHER LEE: Drácula
PETER CUSHING: Van Helsing
STEPHANIE BEACHAM: Jessica

Intento de la Hammer para volver a triunfar de nuevo con el cine de vampiros, consiguiendo, además, que trabajasen sus dos actores más emblemáticos, Lee y Cushing
La historia comienza con una escena retrospectiva del Londres de finales del siglo XIX. Vemos una incruenta batalla por la supervivencia entre el Profesor Abraham Van Helsing y el Conde Drácula, con un fuerte forcejeo encima de un carruaje que acaba despeñándose por un barranco. El profesor acaba magullado pero vivo, y observa a Drácula empalado en el radio de una de las ruedas del carruaje. Receloso, pues sabe que el vampiro tiene más de nueve vidas, le incrusta fuertemente en el pecho una astilla, y un borbotón de sangre nos anuncia su muerte.

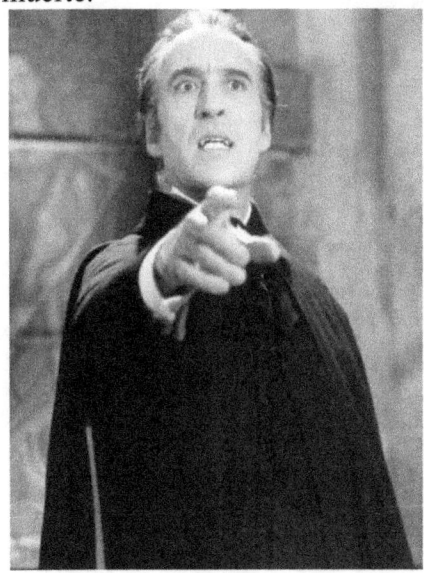

Después nos llevan hasta 1972, cuando un grupo de hippies están en un lugar conocido como Stoneground, la casa de un respetable ciudadano inglés. Entre el grupo están: Johnny Alucard, un ocultista; Jessica Van Helsing, la hija mayor de Abraham Van Helsing; Joe Mitchell, el novio de Jessica, y sus amigos Gaynor, Laura, Anna, Bob y Greg. La historia empieza cuando llega la policía.

LA LEYENDA DE LOS 7 VAMPIROS DE ORO
The Legend of the y Golden Vampiros 1974

Guión: Don Houghton
Director: Roy Ward Baker

Intérpretes:
PETER CUSHING: Van Helsing
JOHN FORBES: Drácula
DAVID CHIANG: Hsi Ching
JULIE EGE: Vanessa Buren

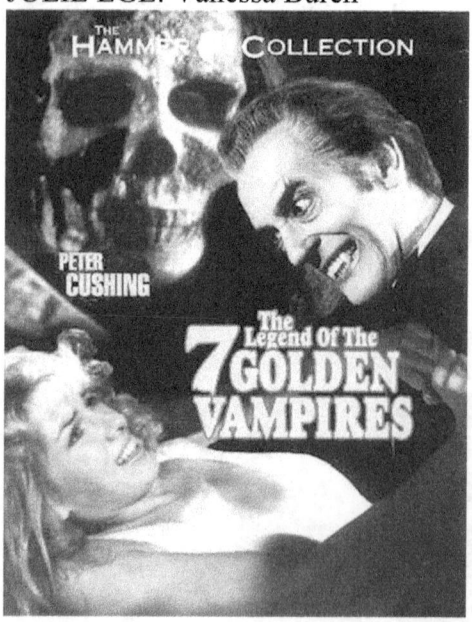

En plena decadencia económica y de ideas, la Hammer se une a la productora china Shaw Brothers, famosa por lanzar a la fama a Bruce Lee, y mezclando a Drácula con el Kung-fú hace este delirio de imaginación que, increíblemente, funcionó bien en taquilla. Incluso actuó como productor Michael Carreras y se contó con un buen especialista en efectos especiales llamado Les Bowie, aunque no pudieron conseguir que Christopher Lee se apuntara al experimento. Esta extraña mezcla de artes marciales y terror que no encaja en ninguno de los géneros, fue la última película de la Hammer Films sobre el personaje de Drácula (que no aparece mucho).

El profesor Van Helsing (Cushing) llega junto a su hijo (Stewart) a China en 1904, para dar una conferencia en la universidad local sobre su especialidad: el vampirismo y sus distintas manifestaciones. Allí conocerá a un oriental (Chiang) que con sus seis hermanos marcharán a destruir a los vampiros de oro que vienen asolando su ancestral aldea desde hace un siglo.

LOS RITOS SATÁNICOS DE DRÁCULA
Satanics rites of Drácula (1974)
Director: Alan Gibson
Guión: Don Houghton
Fotografía: Brian Probyn
Música: John Cacavas

Intérpretes:
CHRISTOPHER LEE: Drácula
PETER CUSHING: Van Helsing
MICHAEL COLES: Inspector Murray
JOANNA LUMLEY: Jessica Van Helsing

Nuevamente el más afamado cazavampiros de la historia es requerido nada menos que por Scotland Yard para que investigue las ceremonias que celebra una extraña secta

99

dedicada a la magia negra, en la cual parecen involucrados personas del propio gobierno.

EL CLUB DE LOS MONSTRUOS
The Monster Club (1980)

Director: Roy Ward Baker
Guión: Edward y Valerie Abraham
Basada en las historias de Ronald Chetwynd Hayes
Fotografía: Peter Jessop

Intérpretes:
VINCENT PRICE: Erasmus
DONALD PLEASANCE
JOHN CARRADINE
STUART WHITMAN

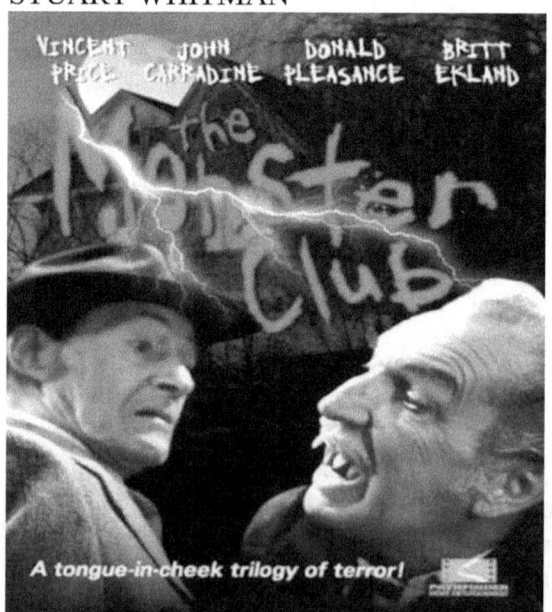

Invitan a un escritor de historias de terror (Carradine) a un "club del monstruo", sospechosamente comandado por el vampiro Erasmus. Allí, el viejo y misterioso caballero relata tres historias que hablan de monstruos, espíritus necrófagos y vampiros.

Estos tres relatos aseguran una película agradable, en la cual se combinan el horror, el humor y una banda sonora más que agradable, con la intención de captar un público más joven y una calificación moral apta para todos los públicos. Todos estos ingredientes proporcionan finalmente casi una antología resumida del cine de terror, infundida con una buena dosis de humor, lo que agradará a los fans del género. No obstante, cuando las escenas de terror llegan, el pánico está asegurado.

NOCHE DE MIEDO
Fright night 1985

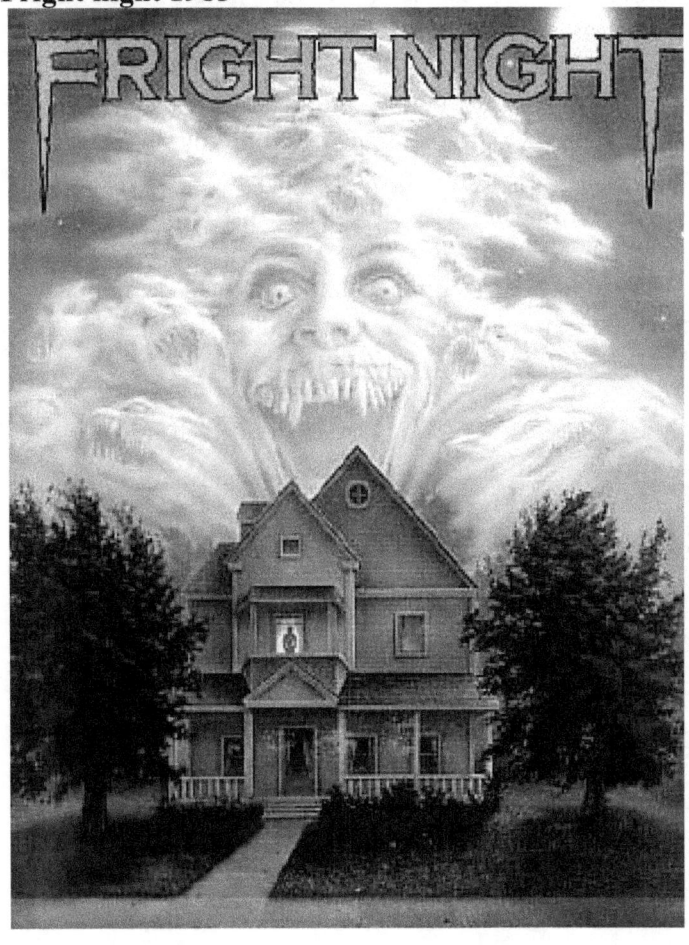

Director: Tom Holland
Guión: Tom Holland

Intérpretes:
CHRIS SARANDON: Jerry, el Vampiro
WILLIAM RAGSDALE: Charley Brewster
AMANDA BEARSE: Amy Peterson
RODDY MCDOWALL: Peter Vincent
 De nuevo un mata-vampiros entra en acción, aunque ahora es un simple actor que dice poseer los secretos para su destrucción, lo que indudablemente no es cierto, aunque intenta emular al legendario Val Hensing. Interpretado por el siempre eficaz Roddy McDowall como el caza-vampiros televisivo (quien le proporciona cierto aire de respetabilidad a la película), nuestro maléfico vampiro debe esquivar los torpes intentos de un grupo de jóvenes por clavarle una certera estaca en el corazón, llevándonos a un clima cómico-terrorífico que aceptamos con agrado.
Se realizó una segunda parte con el mismo vampiro e igual caza-vampiros, pero pasó directamente al mercado del vídeo.

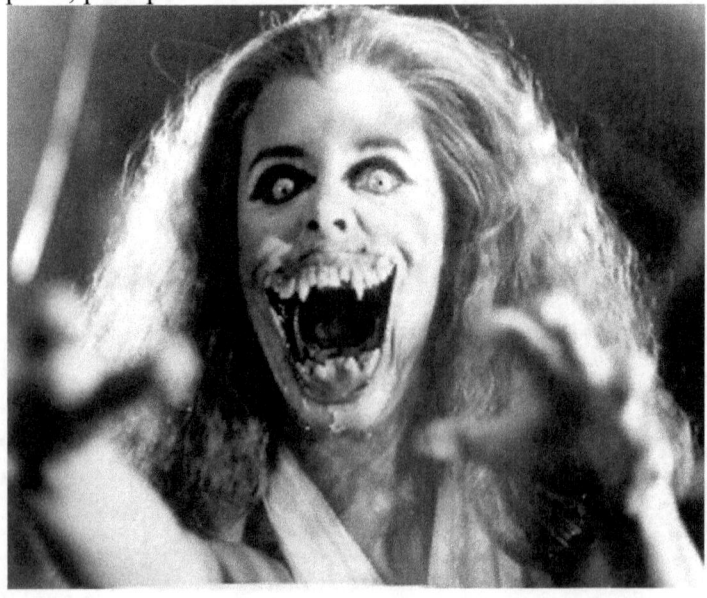

FUERZA VITAL
Lifeforce 1985

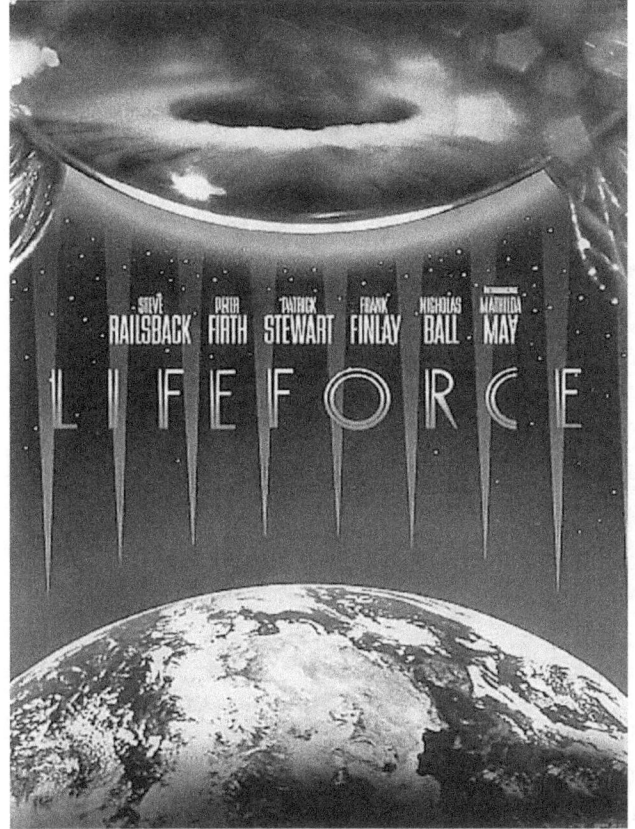

Director: Tobe Hooper
Basada en la novela: The Space vampire
Música: Henry Manzini
Efectos especiales: John Dykstra

Intérpretes:
MATHILDA MAY: La vampira
STEVE RAILSBACK
PATRICK STEWART

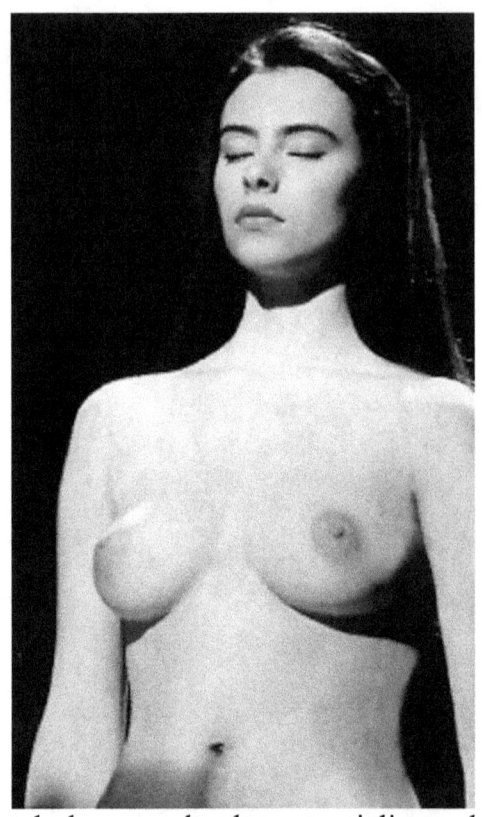

Con un plantel de renombrados especialistas del género de ciencia-ficción y de terror, se realiza esta película en la que unos extraterrestres, mezcla de vampiros y zombis, quieren adueñarse de la Tierra. Su jefa adopta la forma humana más seductora (el desnudo), y consciente de lo que ello supone para los varones, se pasea desnuda ante ellos, pues mientras mantienen los ojos y la boca abiertos la dejan cumplir su aniquiladora misión.

La gran dosis de erotismo y los desnudos integrales continuados de la protagonista, le dieron el suficiente atractivo comercial a esta película, acompañados por unos adecuados efectos especiales, en especial cuando nos muestran la ciudad de Londres ardiendo y sumida en el caos ocasionado por los devoradores de infelices humanos. El maquillador Nick Maley hizo un trabajo estupendo, siendo su mejor obra el cadáver parlante de un vampiro seccionado.

MIEDO AZUL
Silver bullet 1985

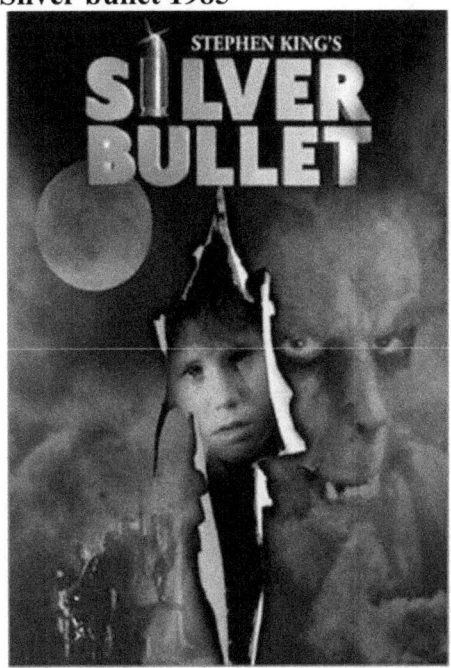

Director: Daniel Attias
Argumento: Stephen King

Intérpretes:
GARY BUSEY: Red
EVERETT McGILL: Reverendo Lowe
COREY HAIM: Marty Coslaw
MEGAN FOLLOWS: Jane Coslaw

Nueva película basada en un relato del escritor Stephen King, en esta ocasión con un aparentemente inofensivo sacerdote en busca del único delator que puede truncar sus planes: un niño paralítico, cuyo único medio de escape es su silla de ruedas.

Cuando llega la noche, el bondadoso seguidor de Dios se transforma en el más despiadado de los vampiros, y solamente la tenacidad del pequeño y sus amigos pueden frenar una masacre de sangre y horror.

LA GUARIDA DEL GUSANO BLANCO

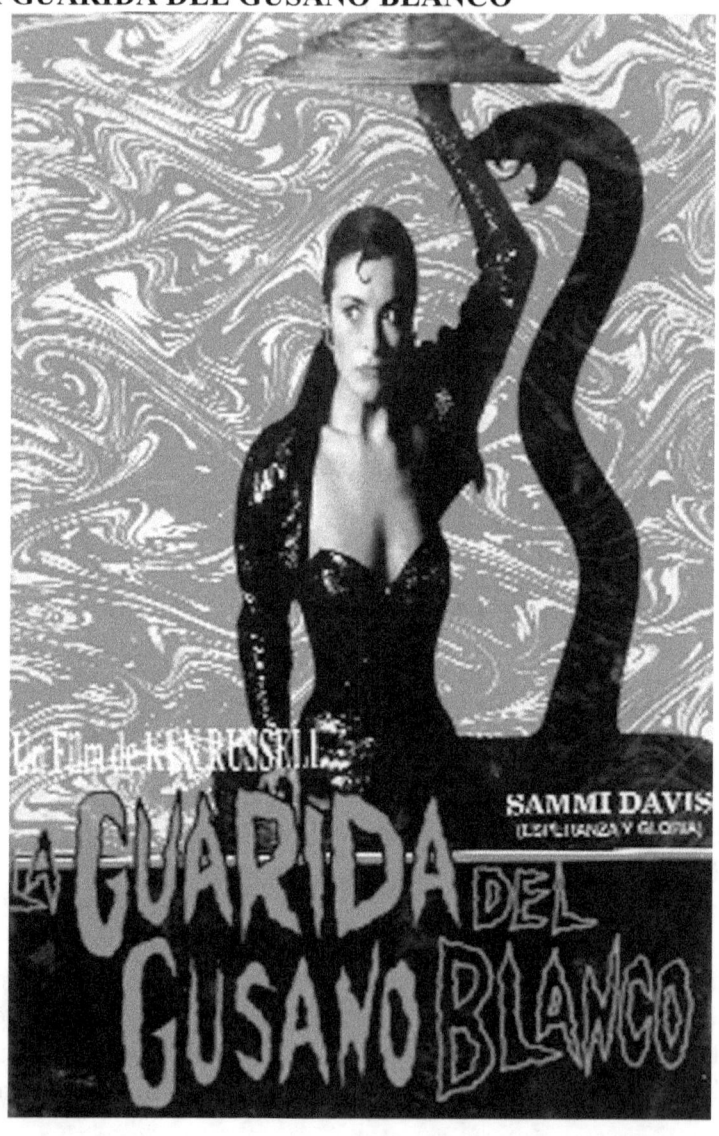

Director: Ken Russell
Argumento: Bram Stoker

Intérpretes:
AMANDA DONOHOE
HUGH GRANT
SAMMI DAVIS

Interesante, aunque casi desconocida, película de Ken Russell, en la cual nos narran los peligros que acompañan al descubrimiento de una calavera, la cual es ansiada por una peligrosa serpiente con forma humana. Las abundantes dosis de erotismo, la belleza de su protagonista femenina (pródiga en desnudos) y algunos buenos efectos especiales al final, proporcionan en conjunto una aceptable película tratada en el momento de su estreno con indiferencia.

Película de interés especial por proceder de una novela de Bram Stoker (creador de Drácula) y estar dirigida por el inteligente Ken Russell, además de contar con una meritoria interpretación del por entonces desconocido Hugh Grant.

JÓVENES OCULTOS
The Lost boys 1987

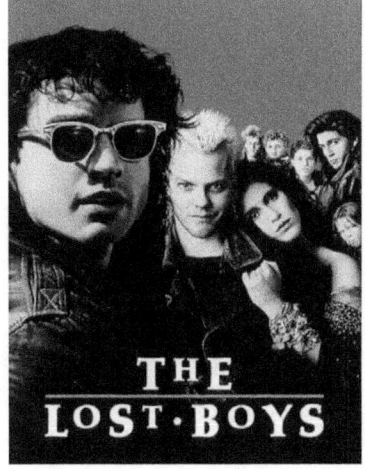

Director: Joey Schumacher
Productor: Harvey Bernhard
Guión: Jeffrey Boam, James Jeremias, Janice Fischer

Intérpretes:
JASON PATRICK: Michael
COREY SAM: Sam
DIANNE WIEST: Lucy
BARNARD HUGUES: Grandpa

Película dirigida al público juvenil amante de las emociones fuertes, pero cuyo título, sin ninguna alusión a los vampiros, le quitó audiencia.

Desde el principio, Joel Schumacher ha inventado una historia ambiciosa que parece empezar bien, casi como una historia de adolescentes, pero que poco a poco nos lleva a una leyenda urbana sobre vendedores de almas. Hay un momento, al principio de la película, en la cual el director parece describirnos simplemente la vida normal de los adolescentes, pero gradualmente, y para sorpresa del espectador, el mundo oscuro en el que habitan los malignos rompe esa tendencia y el miedo hace su aparición. Afortunadamente, y al igual que ocurre siempre con las historias de vampiros, los últimos minutos son los más decisivos, justo cuando los humanos comienzan a matar a los habitantes de las tinieblas.

UNA PANDILLA ALUCINANTE
The monsters squad 1987

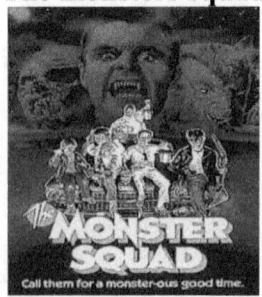

Director: Fred Dekkar

Intérpretes:
ANDREW GROWER
ROBBY KIGER
BRYAN LAMBERT

Esta vez los niños tienen serios problemas, pues cuatro de los monstruos del terror más emblemáticos, Drácula, Frankenstein, La Momia y el Monstruo de La Laguna Negra, se unen para conseguir perpetuarse en el mundo de los vivos. La historia está basada en una leyenda que dice que los monstruos volverán a reunirse cada 100 años, a no ser que una niña virgen recite unos versos mágicos que les devuelva para siempre a la eternidad. Pues para encontrar una virgen tuvieron que remontarse nada menos que a una niña de apenas siete años, ya que las chicas mayores eran ya unas expertas amantes.

Todos los tópicos habituales en el cine para niños se dan la mano con otros sacados del cine de terror, y hasta nos devuelven a un desquiciado Van Helsing, consiguiendo así que podamos disfrutar de esta parodia realizada con buen gusto.

MUSEO DE CERA
Waxwork (1988)

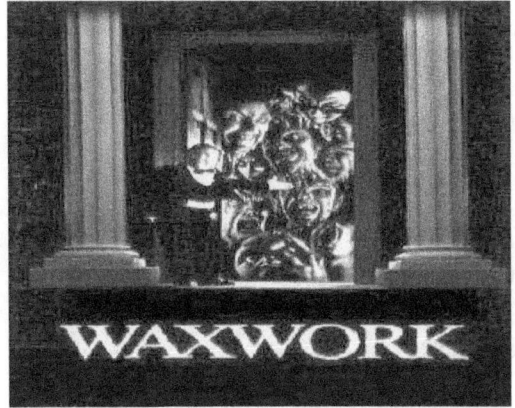

Guión y dirección: Anthony Hickox

Intérpretes:
ZACH GALLIGAN: Mark Loftmore
DEBORAH FOREMAN: Sarah Brightman
MICHELLE JOHSON: China Webster
MILES O'KEEFFE: Conde Drácula

Aquel lugar siniestro es elegido por una pandilla de jóvenes para pasar una buena experiencia, en donde las relaciones sexuales deberían acompañar al terror y la angustia. Sin embargo, la aparentemente fiesta a la que han sido invitados esconde una trama organizada por una cuadrilla de vampiros, deseosos de encontrar cuerpos jóvenes a los cuales hincar el diente. Y así, con gran dosis de humor y unos actores tan guapos que parece mentira que luego se deformen tanto, asistimos a una más que entretenida película de vampiros y zombis que pasó casi desapercibida. Buenos efectos especiales, buenos maquillajes, y escenas truculentas en las cuales la sangre salpica, con seguridad, al espectador.

DRÁCULA de Bram Stoker
Bram Stoker's Drácula (1992)

Director: Francis Ford Coppola
Efectos especiales: Roman Coppola
Productor: Francis Ford Coppola
Guionista: James V. Hart
Basada en la novela de: Bram Stoker

Intérpretes:
GARY OLMAN: Vlad Drácula
WINONA RYDER: Mina/Elizabeth
ANTHONY HOPKINS: Van Helsing.
KEANU RIVES: Jonathan Harker

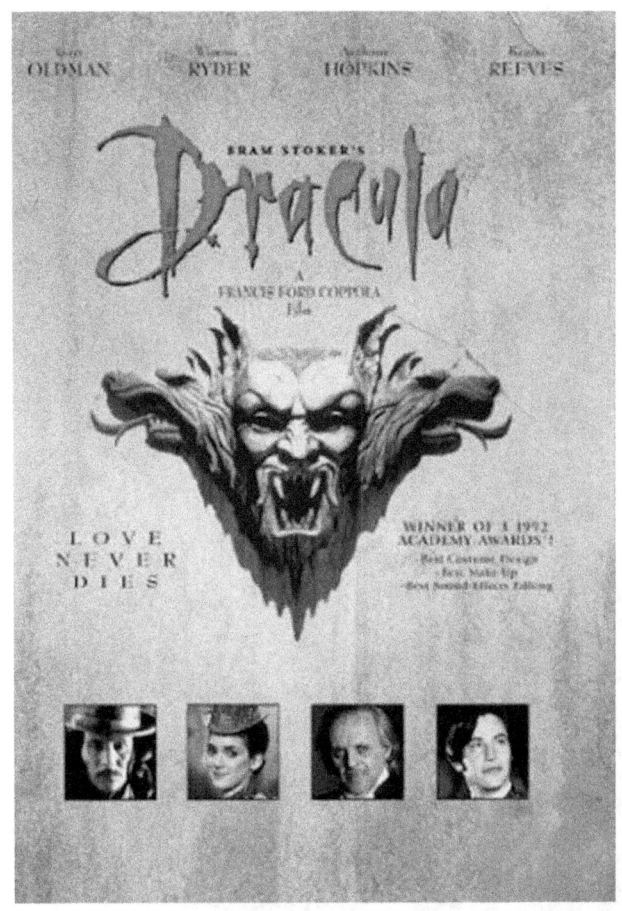

Con la acción situada en 1462, 30 años antes del descubrimiento de América, el príncipe Vlad regresa a Transilvania donde le dan la noticia del suicidio de su prometida Elisabeta. Su desesperación parece tener un final feliz cuando encuentra a una guapa chica que es su vivo retrato, pero su pasión por conseguirla sin hacer uso de sus poderes trunca sus esperanzas, convirtiéndose de nuevo en el maléfico ser de las tinieblas.

Esta ha sido una de las películas más esperadas, esencialmente por estar dirigida por Coppola, el cual suele pasar del más absoluto fracaso comercial al triunfo total, sin que parezca encontrar una uniformidad en sus películas.

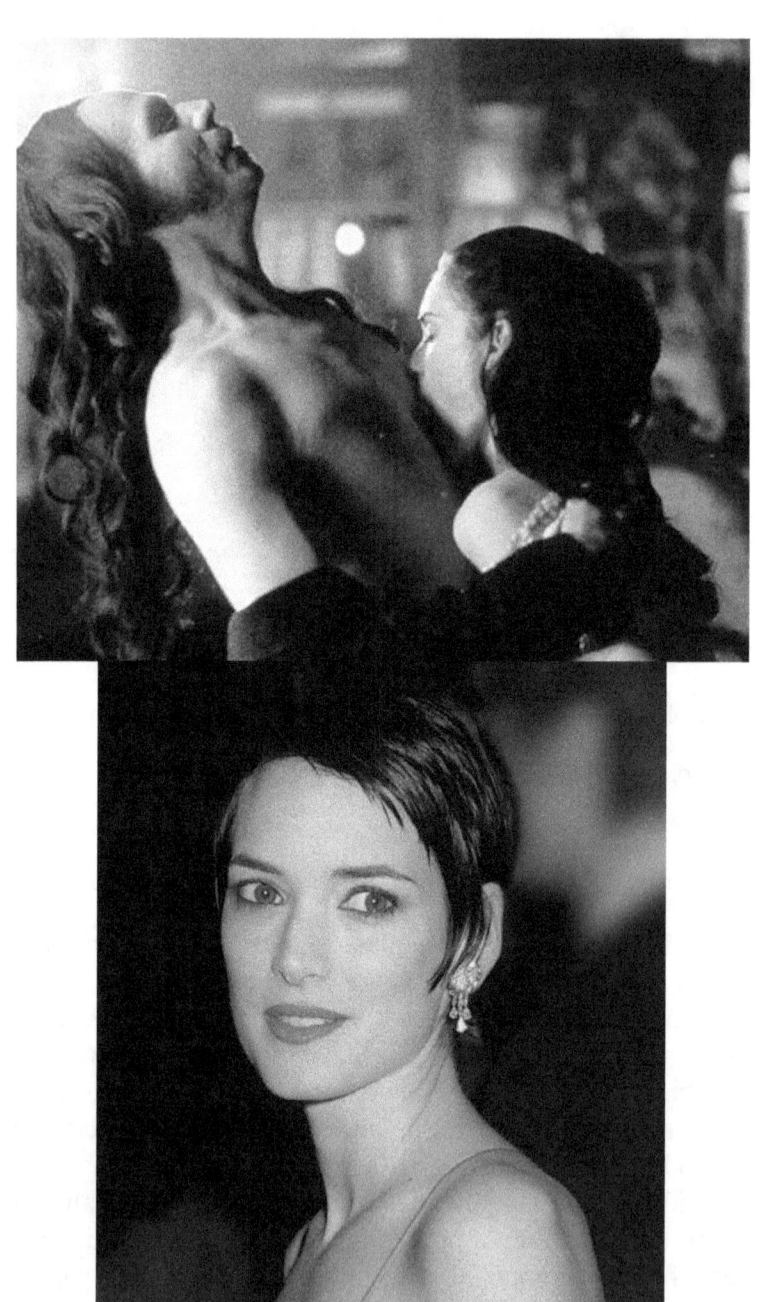

Tratando de ser fiel a la novela original (algo que no creemos sea imprescindible) y dejando bien claro que cualquier parecido con las otras versiones de Drácula era pura coincidencia con la suya, Coppola desarrolla una película extraña, con grandes dosis de sangre, erotismo, terror y muchos, muchísimos, efectos especiales. Aunque el resultado es extraordinario, le sobran algunos exagerados efectos especiales y, sobre todo, ese aire de filosofía y prepotencia que se nota en toda la película, además de los amanerados gestos de Gary Olman.

CRONOS
(1992)

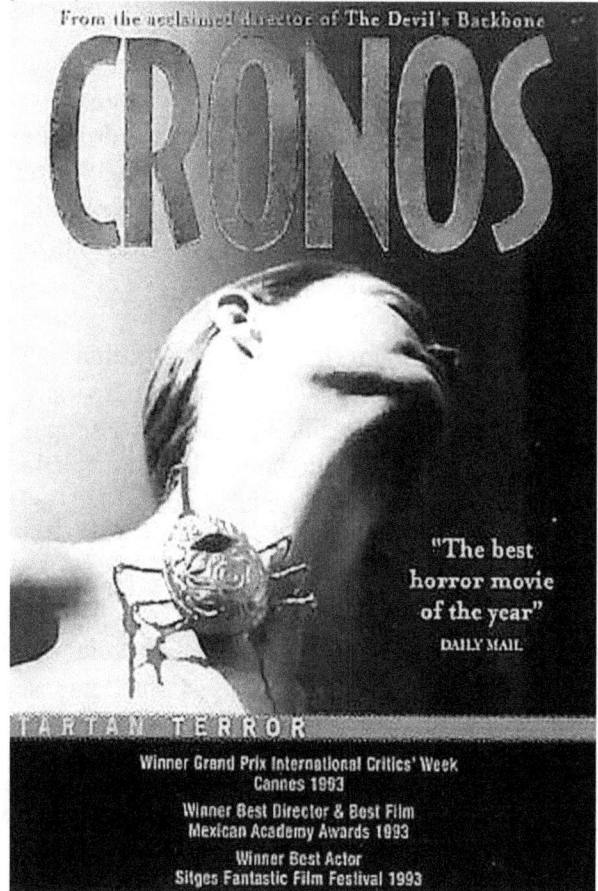

From the acclaimed director of The Devil's Backbone

CRONOS

"The best horror movie of the year"
DAILY MAIL

TARTAN TERROR

Winner Grand Prix International Critics' Week
Cannes 1993

Winner Best Director & Best Film
Mexican Academy Awards 1993

Winner Best Actor
Sitges Fantastic Film Festival 1993

Director: Guillermo del Toro
Efectos especiales: Necropia

Intérpretes:
FEDERICO LUPPI: Jesús Gris
CLAUDIO BROOK: Dieter
RON PERLMAN: Ángel de la guardia

Película sorpresa que acaparó numerosos premios, tanto en Europa como en Méjico, y cuyo argumento nos cuenta una historia mezcla de alquimia, vampiros y fuente de la eterna juventud.

La casualidad hace que un artefacto -el Cronos- que contiene en su interior un insecto cuya sangre asegura la inmortalidad a quien se la inyecta, vaya a parar a manos de un aficionado a las antigüedades. Sin proponérselo, nuestro anciano protagonista, abandonado por su joven esposa y muerto en soledad, recobra la vida, aunque no puede evitar que su cuerpo sufra transformaciones y necesite beber sangre para sobrevivir.

Esta película contiene numerosos aciertos y demuestra una vez más que el cine de calidad no necesita de mucho dinero para elaborarse, sino imaginación y buen hacer. Escenas especialmente importantes son todas aquellas en las cuales sale el artilugio metálico que contiene el elixir de la inmortalidad, así como las paulatinas transformaciones en las que se ve envuelto nuestro protagonista principal.

Difícil de englobar en un género concreto, mezcla de vampirismo, humor negro y sexo, podemos considerar a "Cronos" como una estupenda película de fantasía, aunque con un argumento ciertamente sombrío y deprimente.

ENTREVISTA CON EL VAMPIRO
Interview with the vampire: The vampire chronicles (1994)

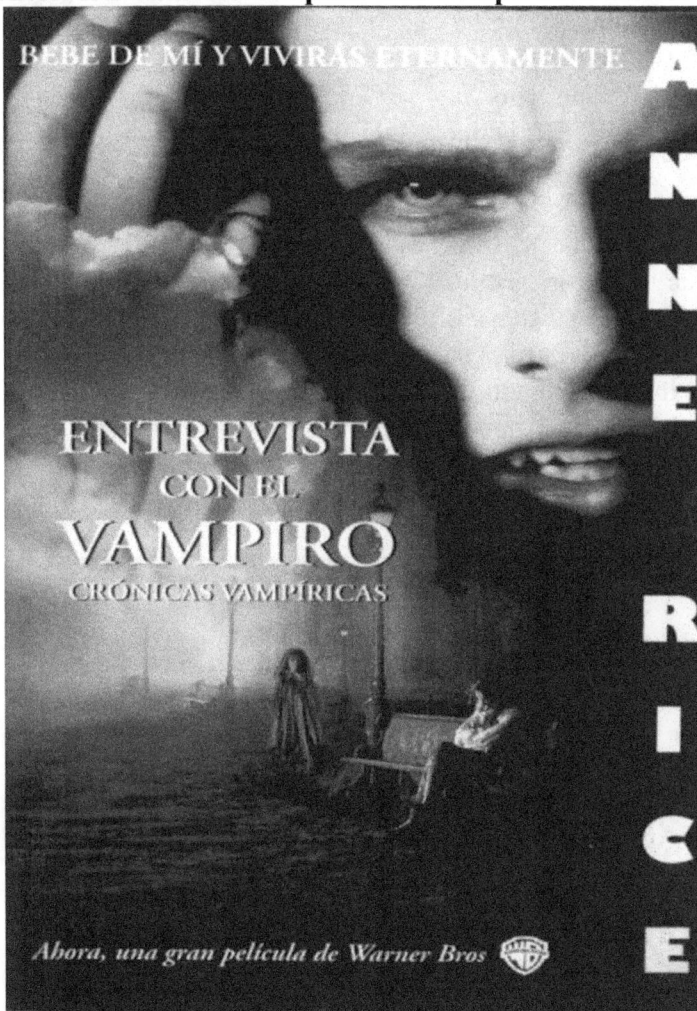

Director: Neil Jordan
Guión: Anne Rice
Basada en la novela del mismo título
Fotografía: Philippe Rousselot
Efectos especiales: Rob Legato, Yves De Bono, Cari Thomas
Maquetas: Stan Winston, Michele Burke

Intérpretes:
TOM CRUISE Lestat de Lioncourt
BRAD PITT: Louis Pointe de Lac
ANTONIO BANDERAS: Armand
STEPHEN REA: Santiago
CHRISTIAN SLATER: Daniel Malloy, el entrevistador

He aquí un filme que ha provocado toda clase de comentarios: para las mujeres la historia es romántica, sensible, y más acertada que la mayoría de las películas sobre vampiros, aunque muy posiblemente se deba a la presencia de Pitt, Banderas y Cruise, tan atractivos que parece mentira que luego sean tan malvados. Indudablemente los mayores detractores son quienes han leído el libro de Anne Rice, en los cuales se muestra con más detalle la historia gay, pero esto es algo que no podía ser en la versión cinematográfica, al menos desde un punto de vista comercial.

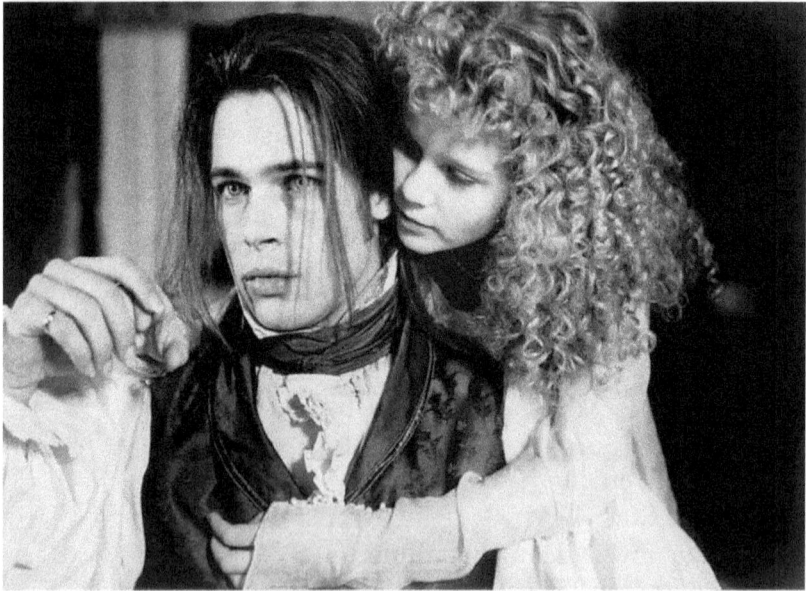

Ahora los vampiros son menos diabólicos, pero siguen empeñados en su labor depredadora exenta de piedad, buscando un único objetivo: vivir una existencia normal (dentro de lo posible), pero su apetencia de sangre hace inviable ese deseo.

Aunque uno de los personajes de "Entrevista..." ruega ser transformado en un vampiro, y ávidamente espera la sentencia de la inmortalidad, el filme nunca nos demuestra que ser vampiro sea una bendición y solamente lo vemos como una tristeza interminable. Eso podría ser la fuerza del argumento, pero a lo largo de la historia todo se diluye y su mayor baza se pierde. En la película parece que los vampiros están escapándose siempre de algo, en lugar de disfrutar de su existencia inmortal y de sus mordeduras a los cuellos de guapas chicas.

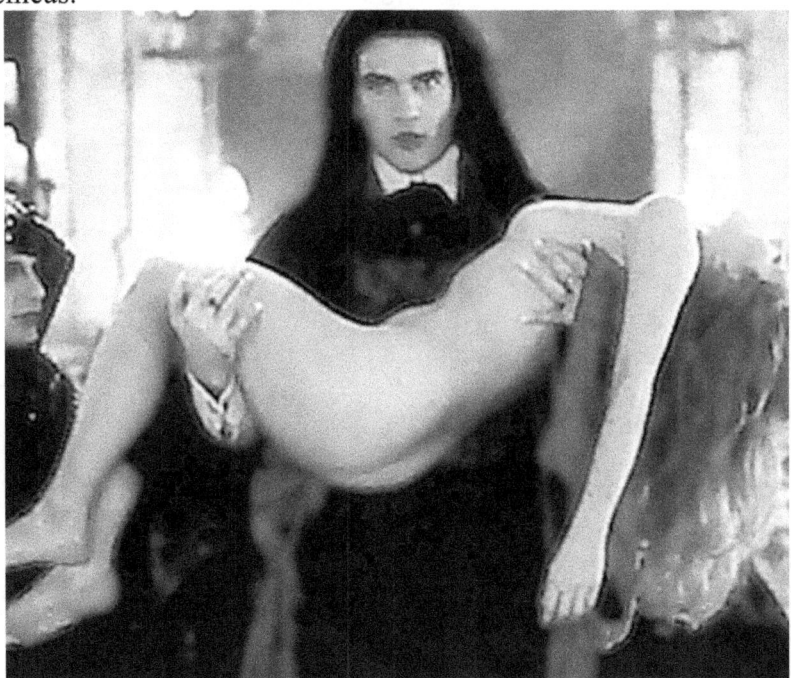

La conclusión, al menos para nosotros, es que la película sigue una visión detallada y verídica de la novela de Ana Rice, y por eso no logra darnos la visión terrorífica que esperábamos de una historia de vampiros ambientada en nuestra época. Podríamos considerarla como un análisis de lo que realmente supone ser un vampiro.

ABIERTO HASTA EL AMANECER
From Disk Hill Daw (1996)

Productor ejecutivo: Quentin Tarantino
Director: Roberto Rodríguez
Guión: Quentin Tarantino

Intérpretes:
HARVEY KEITEL: Jacob Fuller
GEORGE CLOONEY: Seth Gecko
QUENTIN TARANTINO: Richard Gecko
JULIETTE LEWIS: Kate Fuller
SALMA HAYEK; la vampira bailarina

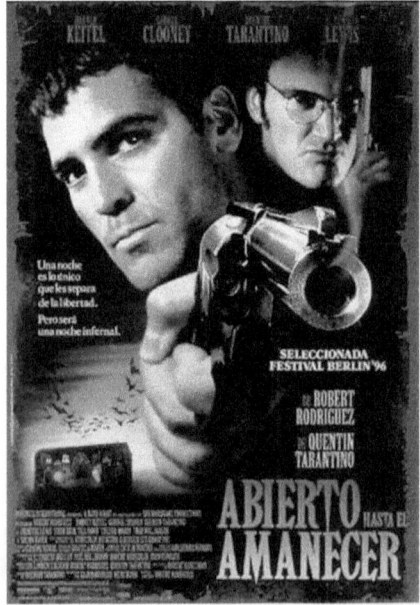

Quién se lo iba a decir a George Clooney, el galán de los ojos profundos, que una de sus mejores películas sería precisamente donde hace de un malvado asesino, primero de ciudadanos inofensivos, y posteriormente de los vampiros más seductores de la historia. Convertida ya en un clásico del cine de terror, el bar nocturno denominado como "La teta enroscada" lleva al espectador a una oleada de sangre y erotismo, ingredientes que casi siempre funcionan comercialmente. Insuperable el baile de Salma Hayek, justo antes de transformarse en la más sangrienta de las vampiras. Todo lo que les puedo decir es que los últimos 30 minutos de la película son de lo mejor que hemos visto en cine de vampiros. En esos momentos nos olvidamos de la violencia anterior y nos recreamos con los efectos especiales y con la gran cantidad de criaturas horrorosas que se ven envueltas en medio de la reyerta de la cantina. George Clooney consigue hacer su primer trabajo interesante para la gran pantalla y aunque no rompa corazones con este papel, está admirable como un eficaz mata-vampiros.

Hubo dos secuelas más totalmente prescindibles.

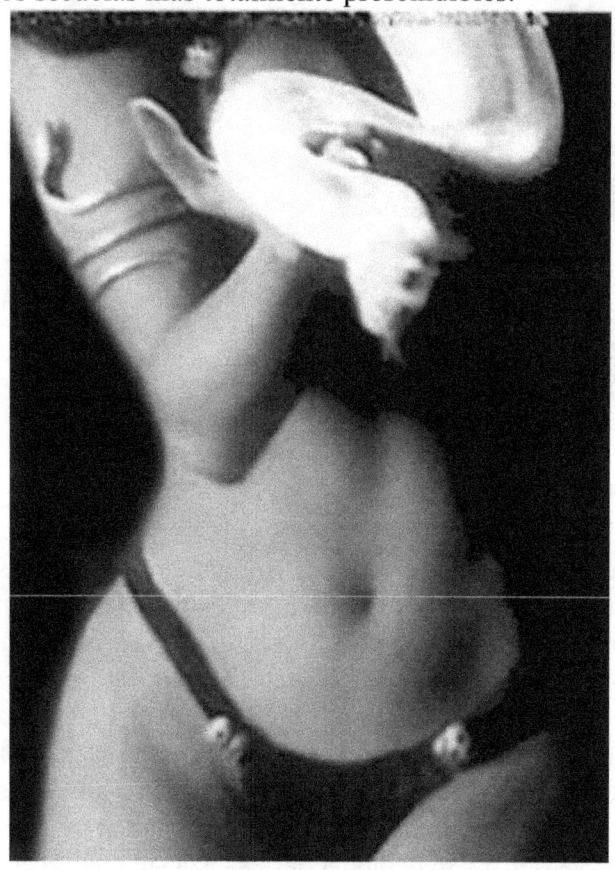

EL CLUB DE LOS VAMPIROS
Bordello of Blood-Tales from the cryp (1998)

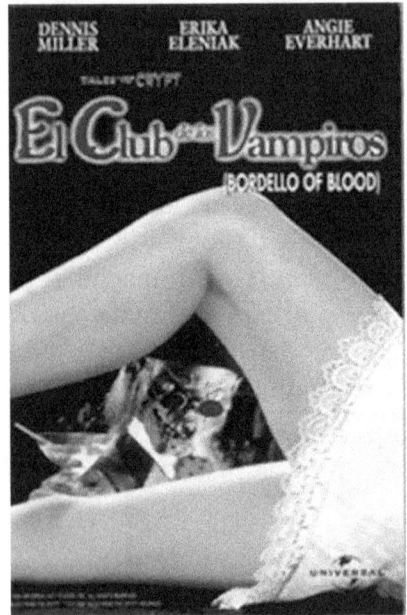

Director: Gilbert Adler
Productor: Robert Zemeckis

Intérpretes:
DENNIS MILLER
ERIKA ELENTAK
CHRIS SARANDON
ANGIE EVERHART

Película que combina humor y terror, además de erotismo y escenas espectaculares de acción, narradas por el Guardián de la Cripta, nuestro esquelético amigo que tantas horas nos ha deleitado con sus historias televisivas. Madame Lilita dirige un burdel en el cual sacan la sangre, literalmente hablando, a todos sus clientes, una vez que les han vaciado los bolsillos. Afortunadamente, un hábil detective intuye que algo ocurre en aquel lugar de placer sexual y provisto de un talismán que puede alejar a los vampiros, se decide a darles caza sin cuartel.

BLADE
(1998)

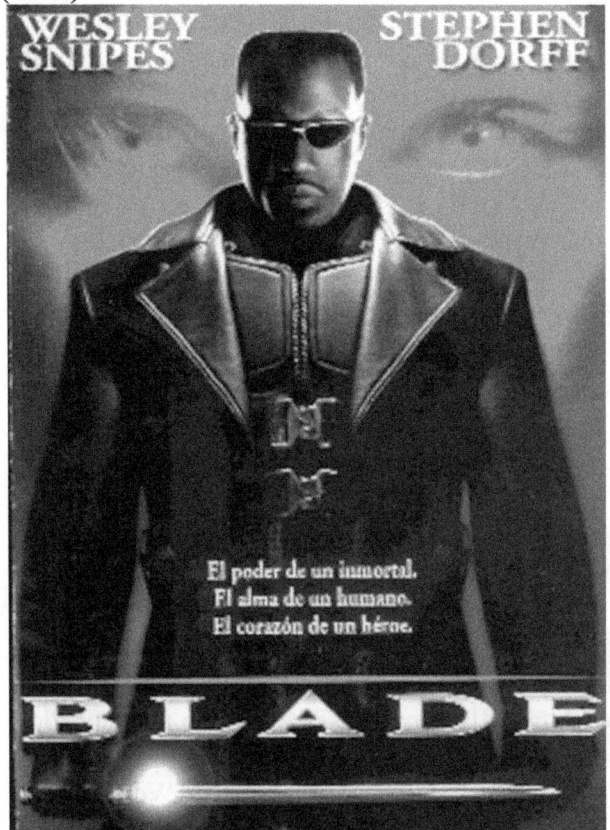

Música: Mark Isham
Vestuario: Sanja Milkovic Hays
Productor: Peter Frankfurt, Wesley Snipes
Guión: David S. Goyer
Director: Stephen Norrigton

Intérpretes:
WESLEY SNIPES: Blade/Eric
STEPHEN DORFF: Deacon Frost
KRIS KRISTOFFERSON: Abraham Whistler
N'BUSHE WRIGHT: Karen jenson

Una nueva generación de vampiros modernos que usan la tecnología de los ordenadores, viven junto con los humanos en perfecta simbiosis: ellos nos chupan la sangre y nosotros les permitimos que nos protejan. Pero entre ellos hay uno, "el que vio la luz", que es más poderoso que ninguno, aunque prefiere ir por libre. *Blade* quiere vengarse de los vampiros porque mataron a su madre justo cuando él nació y para ello cuenta con un traje a prueba de balas, un boomerang metálico y una espada de platino que corta más rápido que un bisturí.

Drácula 88

Hay también una doctora guapa, no es fuerte pero como le ha mordido un vampiro debe pelear para evitar convertirse en uno de ellos. Pronto sabe que los vampiros de ahora no son sensibles ni a la cruz ni al agua bendita, que eso es cosa de películas, pero siguen cayendo como moscas con el ajo, ahora mejor en extracto inyectado.

La película aporta numerosas variantes al mito de los vampiros y en esta ocasión no son tan guapos como cuando les vimos en "Entrevista con el vampiro", salvo algunas vampiresas rubias que, como todos, acabarán cortadas en trocitos bajo la espada implacable de *Blade*.

Con un gran éxito en taquilla vemos de nuevo, algo más curtido, a Wesley Snipes, a quien recordamos por "Demolition Man", "Asalto al tren del dinero", "Salto al vacío" y "A Wong Foo", en donde salía disfrazado de mujer, gran contraste con esta película en la cual pudimos ver su gran dominio de las artes marciales.

Hubo dos secuelas, "Blade II y III", con más sangre y vampiros, que alcanzó cierto éxito en los incondicionales.

VAMPIROS
Vampires (1999)

Música: John Carpenter
Vestuario: Robert Michael

Basada en la novela de: John Steakley
Director: John Carpenter

Intérpretes:
JAMES WOODS: Jack Crow
DANIEL BALDWIN: Montoya
SHERYL LEE: Katrina
MAXIMILLIAM SCHELL: cardenal Alba

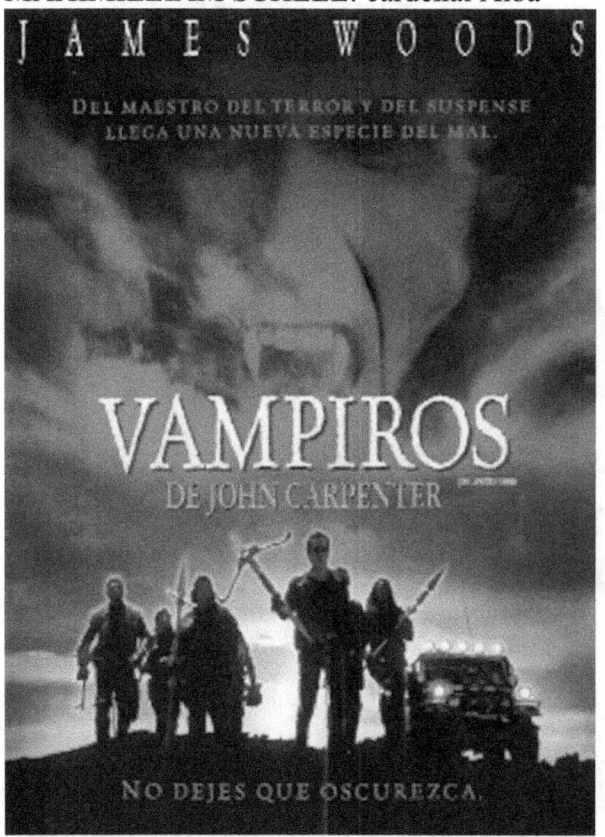

Esta vez los vampiros se han encontrado con un aniquilador implacable llamado Jack Crow quien, al mando de un grupo de mercenarios expertos y auxiliados por un cura temeroso del demonio, les persigue hasta su misma madriguera. La misión es sencilla: hay que matar a todos los vampiros antes del amanecer, pues disponen de un nuevo elemento que les permitirá incluso salir a plena luz del día. Si ello ocurre, la Humanidad estará perdida.

Los comienzos de la masacre tienen un final feliz, pero pronto caen en una emboscada a manos de su jefe, el malvado Valek, quien consigue hacerse con la Cruz Berziers, el amuleto que les permitirá resistir la luz del sol.

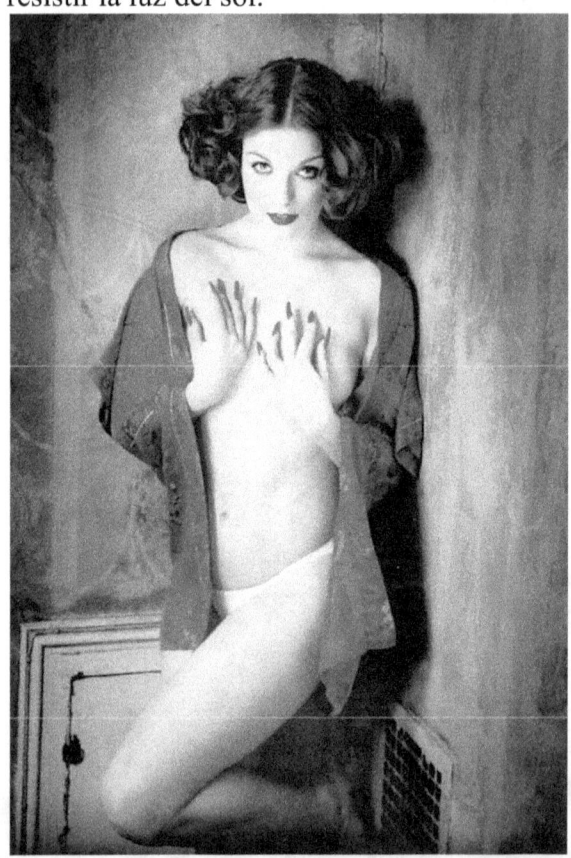

La maestría de Carpenter para contar una sencilla historia se vuelve a mostrar aquí con mayor mérito aún. No tiene, pues, el espectador un momento de respiro para dejar de mirar la pantalla, aunque debe tener preparada su ración de estómago curtido para soportar la abundancia de sangre. No obstante, como ahora se trata de vampiros no hay lugar para la condena, pues ya sabemos que son primos hermanos del diablo y de este ser nadie se apiada.

LA SOMBRA DEL VAMPIRO
Shadow of the vampire 2000

Director: Elias Merhige
Guión: Steven Katz
Música: Lou Bogue
Produc

Intérpretes:
JOHN MALKOVICH: F.W. Murnau
WILLIEM DAFOE: Max Schreck
CARY ELWES: Frizt Wagner
EDDIE KIER

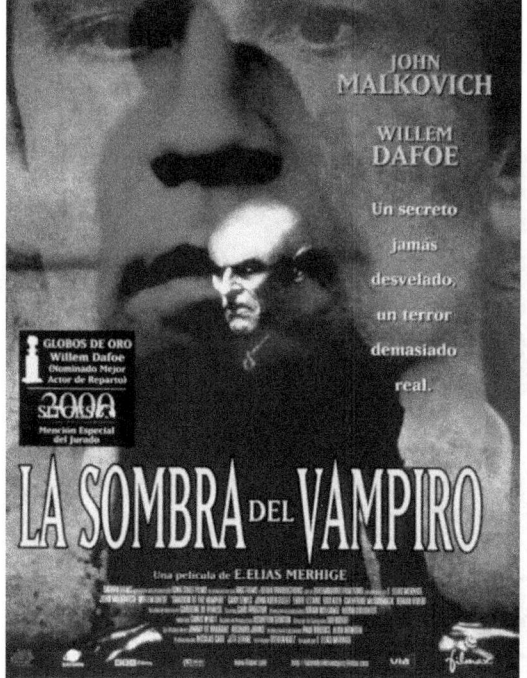

En el año 1921 un realizador cinematográfico acaba de comenzar el rodaje de Nosferatu, una de las primeras películas

125

de vampiros que estaba inspirada parcialmente en el Drácula de Stoker. Para lograr autenticidad contrata como actor a Max Schereck, pues su excentricidad le hace ser idóneo para el trabajo.

La película transcurre a mitad del camino entre el documental y el humor negro, aunque carece con frecuencia del adecuado ritmo para que interese durante los 93 minutos totales.

Willem Dafoe fue nominado al Oscar como mejor actor secundario por su trabajo en esta película, pues consigue ser un adecuado personaje terrorífico sin caer en los tópicos, vistiendo a un siniestro Nosferatu con una eficacia total.

Uno de los productores de la película es el actor Nicolas Cage a través de su productora Saturn Films, y se trata del primer guión escrito para el cine por Steven Katz, quien ya redactó un primer borrador de *Entrevista con el vampiro*.

Consiguió una Mención especial del jurado en el Festival de Cine de Sitges 2000.

DRÁCULA 2001
Dracula 2000

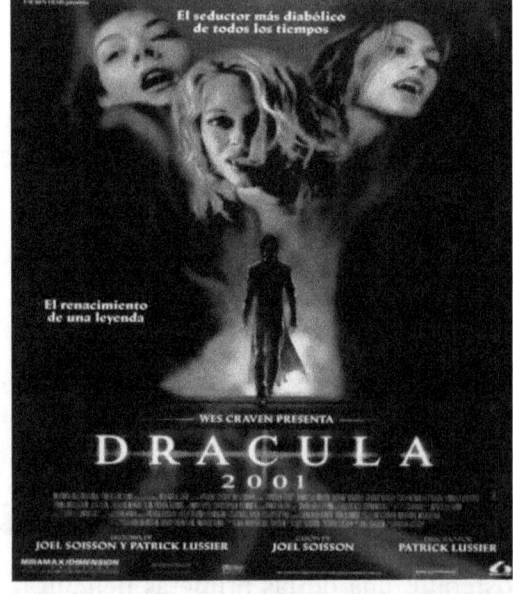

Productor ejecutivo: Wes Craven
Guión: Joel Soisson
Director: Patrick Lussier
Música: Marco Beltrani

Intérpretes:
JONNY LEE MILLAR: Simon Sheppard
JUSTINE WADDELL: Mary Heller
GERARD BUTTLER: Drácula
CHRISTOPHER pLUMIER: Van Helsing

Aunque sin aceptar el trabajo como director, Wes Craven se pone ahora como productor detrás de las cámaras para contribuir a crear una atmósfera de terror que en nada envidie a sus anteriores personajes, *Freddy Krueger* y *Scream*. En esta ocasión rescata al legendario e incombustible Drácula, el vampiro más eterno de la historia, gracias a unos vulgares y estúpidos ladrones que le sacan de su hermética tumba. Pronto, el guapo y malvado chupador de sangre humana se mezcla con los incrédulos habitantes del recién estrenado siglo XXI, aunque nuevamente tiene detrás de sí al mejor caza-vampiros de la historia, Van Helsing, interpretado eficazmente por Christopher Plummer, a quien podemos recordar por su trabajo en "Sonrisas y lágrimas".
La historia lógicamente no tiene un final determinante, por lo que quizá veremos una trilogía, posiblemente cuatro, con historias de este Drácula moderno, pues Craven firmó un contrato con la productora Miramax para realizar por lo menos tres secuelas.

LOS MALDITOS
Forsaken (2001)

Director: J.S. Cardone
Guión: S. Cardone

Intérpretes:
BRENDAN FEHR: Nick
KERR SMITH: Sean
JOHNATHON SCHAECH: Kit
ISABELLA MIKO: Megan

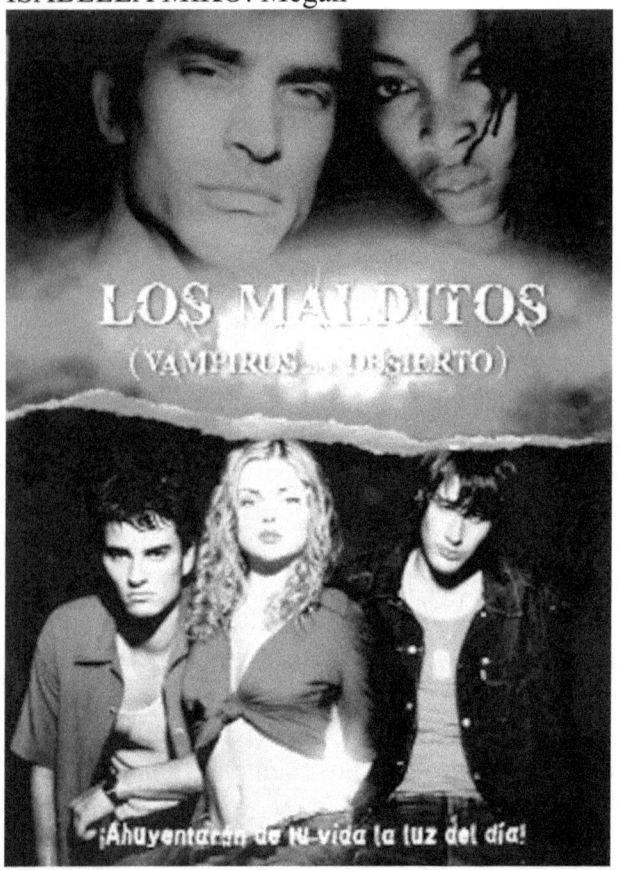

Viajando hacia Los Angeles para asistir a la boda de su hermana, Sean hace una cosa que se supone inadecuada e imprudente: recoger a un autostopista. Desde ese momento, su viaje cruzando caminos rurales se convierte en una pesadilla bañada en sangre. El nuevo compañero no es lo que parece, pues es un Cazador y su presa son los bloodletters, una banda que se dedican a coger a jóvenes desamparados y alimentarse de ellos. En una palabra, son vampiros. En su recorrido macabro encuentran a Megan, una asustada muchacha a quien sus asesinos habían dejado por muerta y que decide convertirse en señuelo para atrapar a los vampiros. Pero el propio Sean queda infectado con el virus mortal y la única cura para ellos es matar al jefe de los asesinos.

Dirigida por un desconocido J.S. Cardone (*Black day blue night*-1995), y teniendo como protagonista a Kerr Smith, a quien vimos en *Destino final,* la historia está basada en una leyenda medieval sobre un ejercito turco que asesinó a doscientos caballeros franceses en el siglo XI, cuatro de los cuales todavía deambulan como vampiros por Estados Unidos.

**UNDERWORLD
(2003)**

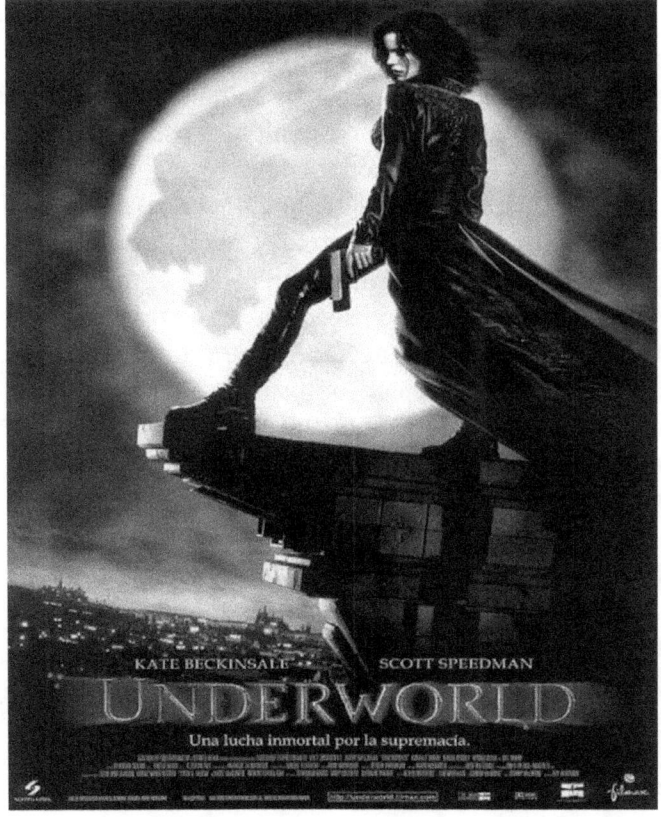

Música: Paul Haslinger
Director: Len Wiseman
Fotografía: Tony Pierce-Roberts
Guión: Danny McBride

Intérpretes:
KATE BECKINSALE: Selene
SCOTT SPEEDMAN: Michael Corvin
SHANE BROLLY: Kraven
MICHAEL SHEEN: Lucian

Aunque en un principio debería titularse "Romeo and Juliet for vampiros and werewolves", lo que dejaría bien claro de sus verdaderas intenciones, el director decidió simplificarlo para describir una historia de vampiros y hombres lobos, según la antigua usanza. Dotada de una ligera base científica, o al menos con un argumento basado en leyendas con cierta verisimilitud, nos describe a dos razas enfrentadas en una guerra secreta en la que solamente una de ellas puede quedar en pie.

Ella, Selene, es una guapa vampira (a quien vimos en *Pearl Harbor*), quien enfundada en un sugestivo y apretado traje tan negro como su procedencia, debe impedir el secuestro de su hermano por los hombres lobos. Rodada en Budapest, el escenario ofrece la ambientación necesaria para adornarla con una historia de amor imposible, con un estilo y look similar a *Matrix*, lo que ya nos parece fuera de lugar.

Hace muchos años que dos razas han evolucionado paralelas al mundo de los humanos, siempre al margen y en la sombra, siendo vistos más como parte de la mitología y las leyendas. Se trata de los vampiros, seres aristocráticos y sofisticados sedientos de sangre, y los licántropos, mitad hombre mitad lobos, más salvajes y brutales que ambos. Cuando la luna llena se pone en el firmamento, su apariencia humana desaparece y se transforman en una bestia enorme, poderosa y agresiva, aunque no lo suficiente para lograr perpetuar la raza. Para intentar sobrevivir deben encontrar a un joven doctor humano, Michael

Corvin (Scott Speedman), poseedor de un suero que permitirá unificar a ambos, vampiros y licántropos, consiguiendo así un nuevo ser casi invencible e inmortal.

Con una fotografía extraordinaria y unos decorados poco habituales incluso en la era de los efectos digitales, el confuso argumento inicial se transforma poco a poco en una larga secuencia de persecuciones y peleas, con tanta sangre que nos dejó el traje listo para la tintorería.

VAN HELSING
(2003)

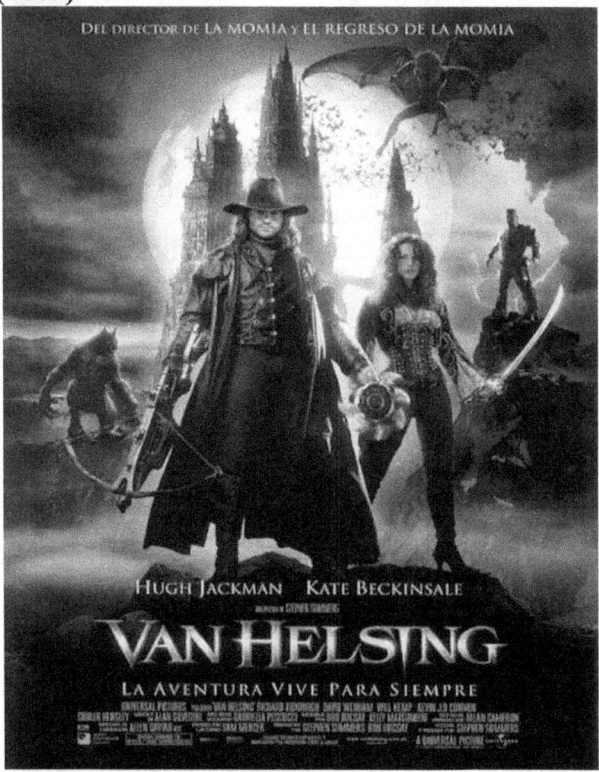

Director: Stephen Sommers
Guión: Stephen Sommers
Música: Alan Silvestre
Fotografía: Allen Saviau

Intérpretes:
HUGH JACKMAN: Van Helsing
KATE BECKINSALE: Anna
RICHARD ROXBURGH: Drácula
SHULER HENSLEY: Monstruo de Frankenstein
HILL KEMP: Hombre Lobo
KEVIN J. O'CONNOR: Igor

La historia nos lleva hasta en el siglo XIX, a ciudades como Londres, Roma, París y Transilvania, en donde los habitantes están siendo atacados por criaturas que parecían sacados de las novelas de terror. Estos engendros, además, poseen la capacidad para sobrevivir generación tras generación, pero no contaban con su enemigo más experto: el doctor Van Helsing, quien es consciente de que primero debe acudir a Transilvania para acabar con su eterno enemigo el conde Drácula. Y así, ayudado por la guapa y valerosa Anna Valerious empieza la cacería más terrorífica de la historia, pues si pierden la Humanidad acabará siendo derrotada y el mundo sumido en la oscuridad.

A pesar de contar con un arranque extraordinario, presagiando lo que se avecina, la reiteración de las escenas, una y otra vez luchando contra los vampiros, termina por cansar, aunque es un cansancio placentero. Ellos pelean como dos aventureros, pero la chica es tan eficaz que a pesar de ser vapuleada, golpeada, arrojada al vacío y hasta revolcada por el barro, ni se mancha ni se hace la más mínima herida. Por eso, al final, cuando nuestros héroes se abrazan y se dan un beso, Anna está casi tan inmaculada como una novia.
Bueno, si perdonamos también a la figura de Frankenstein, un pedazo de pan que apenas si logra pegar algún sonoro puñetazo, a las tres hermosas y torpes novias de Drácula, y ese increíble acento del Príncipe de las Tinieblas, seguro que pasamos un buen rato durante las dos largas horas que dura.

DRÁCULAS FEMENINOS

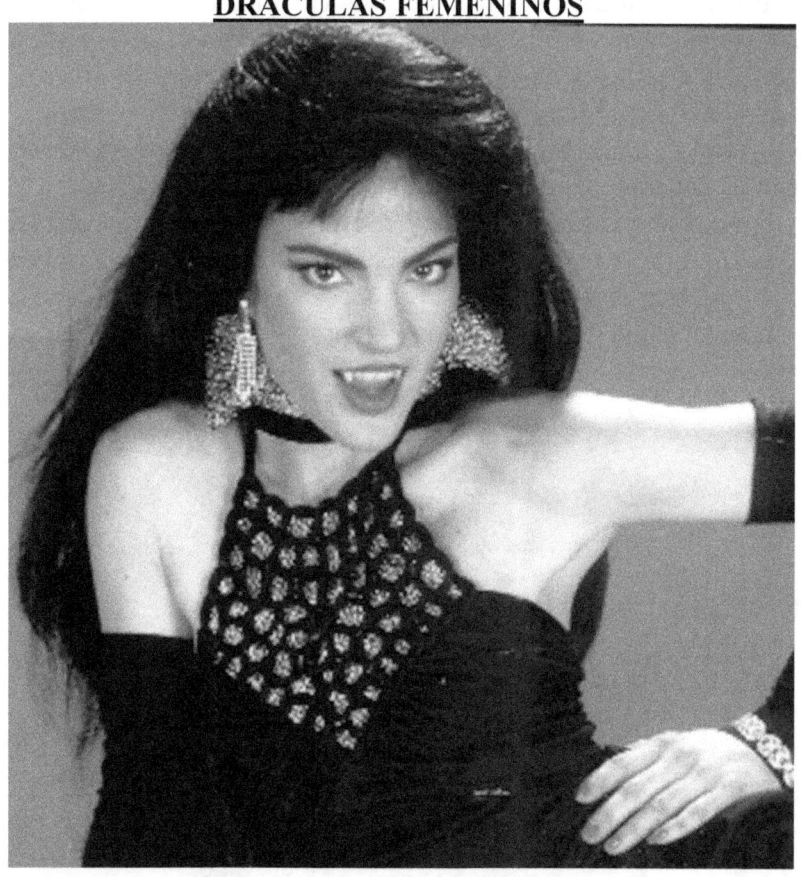

Aunque el nombre de Drácula se identifica claramente con un personaje masculino, lo cierto es que la maldad y el deseo de chupar sangre fresca no es patrimonio del varón, ni siquiera en el cine. La cinematografía mundial es abundante en presentarnos vampiros hembras, no solamente como partenaire de Drácula sino como anfitrionas solitarias del terror. Y para que nadie piense que el cine inventa sus historias de terror, les contaré la historia, verídica, de una famosa mujer vampiro.

Se llamaba Erzsbeth Bathory y había nacido en 1560, en Habsburgo. Casada con el conde Ferencz Nadasdy, el cual tenía un inmenso poder en aquella época, la señora condesa diseñó y mandó construir en los sótanos de sus castillos unas mazmorras cuya sola mención provocaban terror. Dotadas de los más increíbles artefactos de tortura y muerte, esta señora se divertía encerrando y desfigurando a cuanta jovencita guapa se cruzaba en su camino. La belleza, por tanto, era algo a esconder en aquellos lugares, ya que después de la tortura venía la muerte y se aprovechaba la sangre aún caliente de las víctimas para que se bañase en ella la señora. Su tesis era muy sencilla: si una mujer virgen y joven era siempre una presa codiciada por los soldados, su sangre debía tener también buenas propiedades para dar eterna juventud.

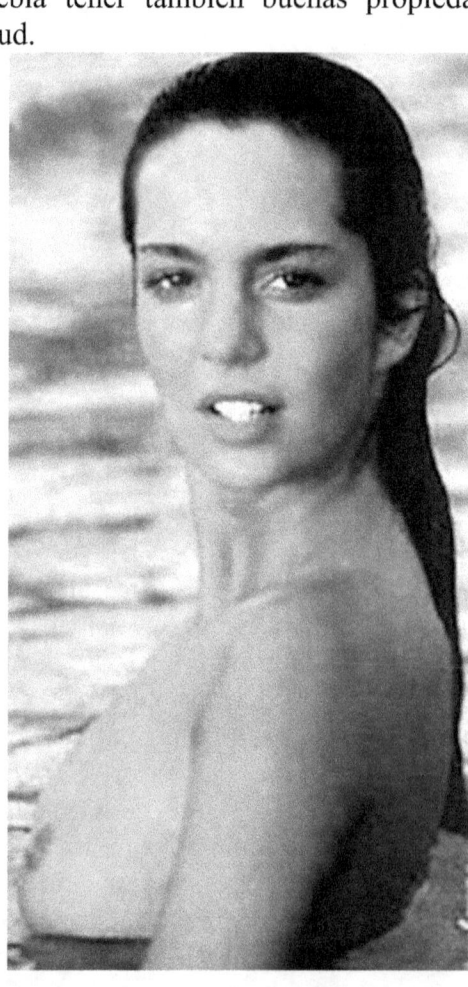

Desde que una historia similar saltó al cine en el film "La condesa Drácula" en 1971, interpretada por Ingrid Pitt, las historias de mujeres-vampiro han sido numerosas y es justo que hagamos entonces un pequeño recorrido por la filmografía más reconocida en donde las escenas eróticas eran muy abundantes.

LUST FOR A VAMPIRE
(1971)

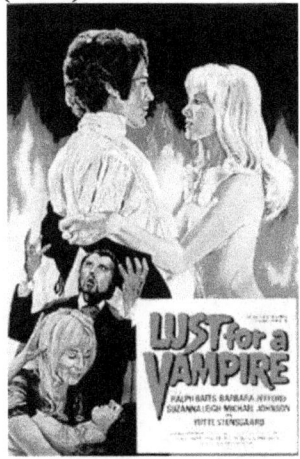

Director: Jimmy Sangster
Guión: Tudor Gates
Basada en la obra "Carmilla" de J. Sheridan Le Fanu
Fotografía: David Muir

Intérpretes:
RALPH BATES: Giles Barton
BARBARA JEFFORD: Condesa
SUZANNA LEIGH: Janet
MICHAEL JONSON: Richard Lestrange

Con la intención de realizar una secuela de "The vampire lovers", se establecieron conversaciones con el dúo de profesionales más adecuado, Terence Fisher y Peter Cushing, además de proponer el principal papel femenino a una actriz llamada Ingrid Pitt que comenzaba a tener bastante aceptación. Sin embargo, el director había tenido un accidente reciente, Cushing tenía que cuidar a su moribunda esposa, y la guapa Pitt era contratada ese mismo año para el principal papel en "La condesa Drácula". El guión era interesante, pero con actores desconocidos y un director poco experimentado el resultado no fue el deseado. Aunque inicialmente se contrató al actor Mike Raven para el principal papel ha causa de su agradable voz, alguien decidió que debía ser doblado y eso ocasionó la ruptura del contrato, pues suponía una humillación.

LA CONDESA DRÁCULA
Countess Dracula (1971)

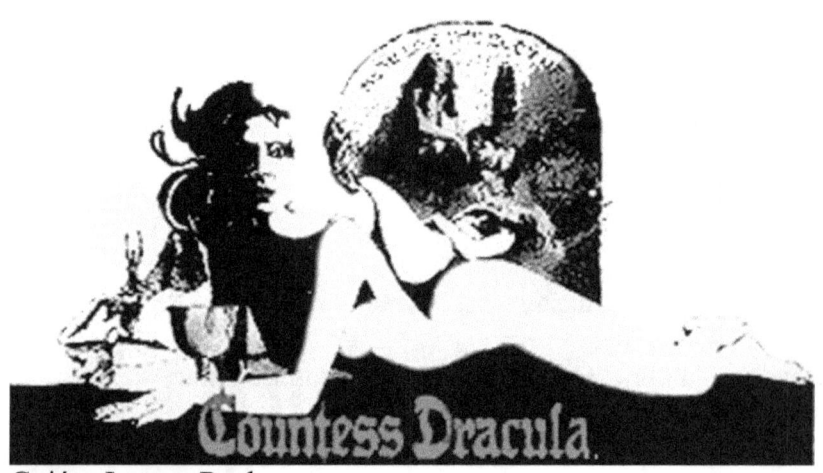

Guión: Jeremy Paul
Director: Peter Sasdy

Intérpretes:
INGRID PITT: La condesa
NIGEL GREEN: Dobi
LESLEY ANNE DOWN: Ilona

Basada superficialmente en la historia real de la condesa Elisabeth Nodosheen, nos describe la sorpresa de la protagonista cuando al golpear a su doncella descubre que la salpicadura de sangre de ésta le ha rejuvenecido la piel. Su interés le lleva a matar a la chica y bañarse con su sangre, pero aunque ciertamente rejuvenece el efecto es temporal, lo que la obliga a buscar nuevas victimas. Pero pronto aparece nuestro héroe en la figura del hijo de un antiguo amigo de su marido, del cual ella se enamora. Sin embargo, la belleza de la condesa se marchita día a día y nuevos asesinatos tienen lugar para que pueda conservar su esplendor, lo que ocasiona que los habitantes del lugar pongan sus ojos en el castillo.

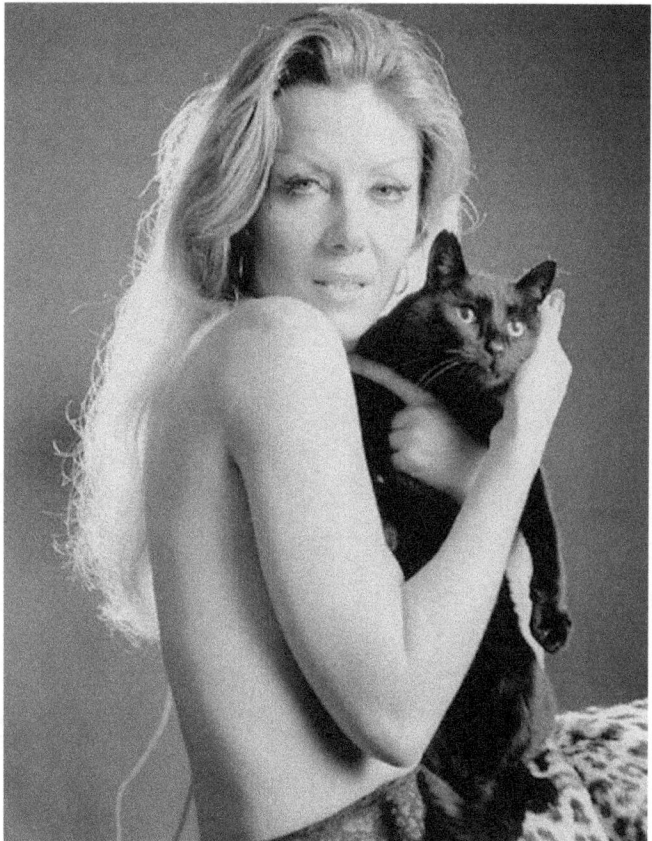

La película es una carretera llena de sangre y desnudos, tan abundantes que la protagonista Ingrid Pitt se convirtió en el mayor sex-symbol de entonces, llegando a tener varios clubes de fans que aún se pueden ver en Internet. Ella no es una buena actriz, pero sabe desnudarse con maestría y mostrar sus bellas formas una y otra vez, sin cansarnos.

La actriz:
INGRID PITT

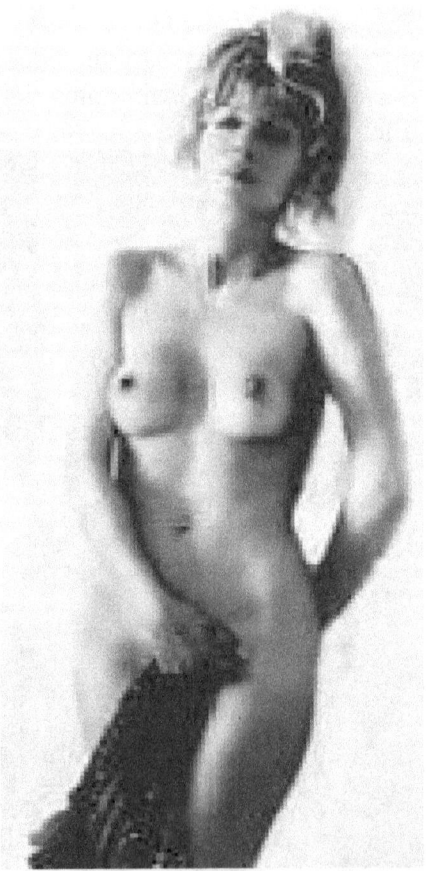

Madre de la actriz Estefanía Pitt, a quien vimos en "Atraco a falda armada" (1990), parece ser que vivió en un campamento de concentración nazi hace muchos años, sobreviviendo al Holocausto, casándose con el hombre que la ayudó a escapar. Mientras filmaba "Las amantes del Vampiro", Ingrid y el resto de las actrices tuvieron serios problemas para contener la risa, especialmente cuando Drácula avanzaba decidido hacia su hermoso cuello, plenamente descubierto gracias al generoso escote. En la escena donde Ingrid tiene que beber la sangre de Kate O'Mara, sus dientes de vampiro se hincaron fortuitamente en la piel y tuvieron que llamar a un médico para que se los extrajera.

Aunque posteriormente se ganó una sólida reputación como actriz sexy, más que nada por la abundancia de los desnudos, su continuidad en el cine fue muy desigual y poco artística.
En la década de los 90 enfermó gravemente y escribió así sus impresiones sobre su enfermedad:

"El optimismo es un viejo juego cómico. Siempre viene directamente antes de la desilusión e inmediatamente después del desastre. Mi desilusión es que después de todo el tiempo que he estado en el hospital, mi régimen severo, las píldoras que hacían estallar mi estómago, y las convicciones de los médicos de que yo terminaría curándome, me llevaron a un estado de salud parecido al perro de un carnicero en paro.

¿Cómo pude mantener mi credibilidad en la curación con ese optimismo? Bueno, yo sigo siendo optimista, ahora algo más porque ya no estoy en el hospital. Por fortuna, como estoy con un pie en la tumba, ya no me tengo que preocuparme por las guerras, el ántrax, el paro, ni las armas biológicas de destrucción masiva, lo que me lleva a la conclusión de que debo tener razones para el optimismo".

Filmografía esencial:
The Asylum (2001), Green Fingers (2000), Underworld (1985), Bones (1984), Octopussy (1983), The Wicker Man (1973), Nobody Ordered Love (1971), La condesa Drácula (1970), The House That Dripped Blood (1970), The Vampire Lovers (1970).

LE FRISSON DES VAMPIRES
(1970)

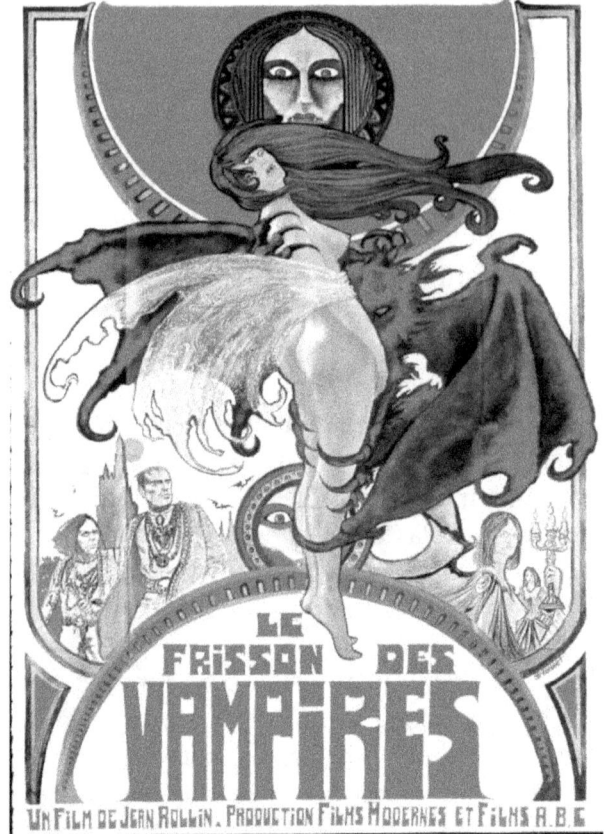

Director: Jean Rollin

Intérpretes:
SANDRA JULIÁN
NICOLE NANCEL
JEAN MARIE DURAND

Ya tenemos también a los franceses metidos en el carro de los vampiros –y perdonen la paradoja- llevándonos a un argumento y título que no deja lugar a dudas, especialmente porque fue exhibida en el mundo anglosajón con el título inequívoco de

"Sex and the Vampire". El argumento es tan minúsculo como la ropa de las actrices y puesto que el público habitual es tan abundante en varones como un combate de boxeo, la audiencia estaba asegurada.

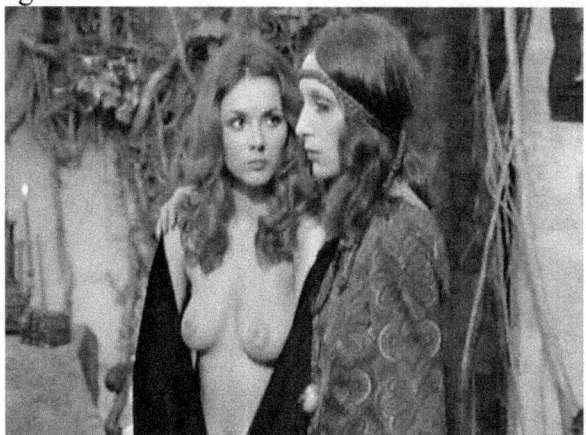

El director intenta darle coherencia a las imágenes y añadir una banda sonora adecuada a la juventud de sus espectadores, pero el ensamblaje no funcionó y todo fue sencillamente desastroso. A este cúmulo de despropósitos hay que añadir que a falta de un buen guión los actores improvisaron sus diálogos, con lo cual hay una mezcla de ideas y sentimientos imposibles de digerir. No obstante, la cordura llegó cuando alguien decidió que lo importante eran las imágenes y no los diálogos, conclusión que les permitió realizar increíblemente una secuela titulada "Réquiem por un vampiro" (1971).

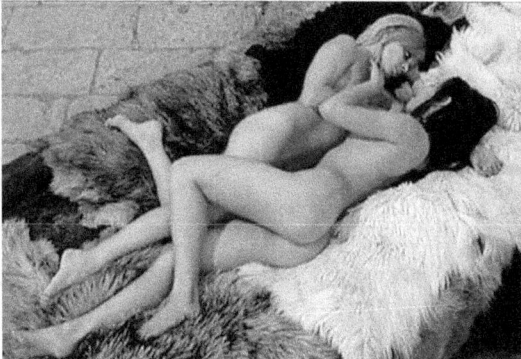

EL ANSIA
The Hunger (1983)

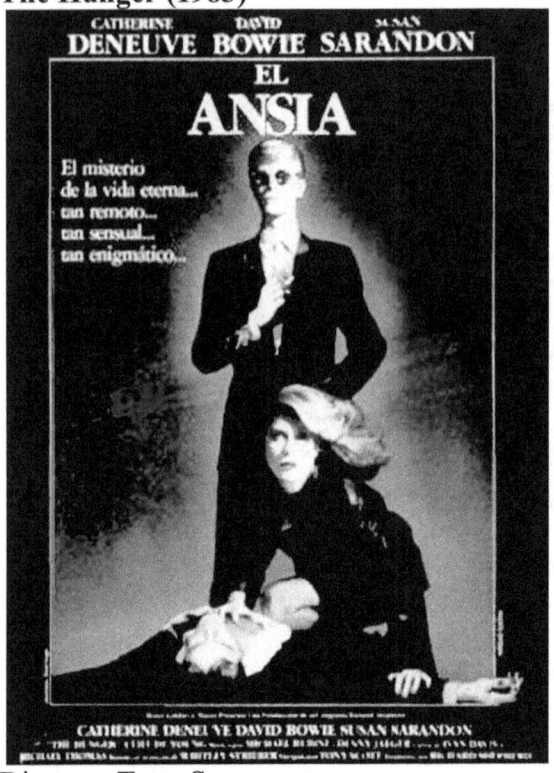

Director: Tony Scout
Guión: Ivan Davies y Michael Thomas

Intérpretes:
SUSAN SARANDON: Sarah
CATHERINE DENEUVE: Miriam
DAVID BOWIE: John
CLIFF DE YOUNG: Tom
BETH EHLERS: Alice

La inmortal Miriam observa como John, su amante desde hace siglos, está alcanzando el final de la larga juventud que ella misma le otorgó. El propio John no es ajeno a este hecho, y acude a una clínica en busca de ayuda. Allí contacta con la doctora Sarah, quien se ve incapaz de ayudarle. A partir de este encuentro, Miriam también conocerá a Sarah y se enamorará de ella, escogiéndola como su futura compañera.

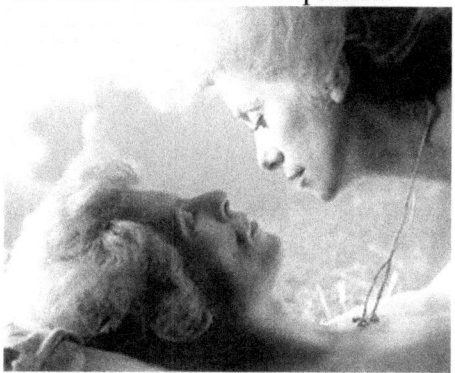

La película, basada en la novela de Withley Strieber, se convirtió pronto en objeto de culto no sólo por los amantes del cine de terror, sino también por su buena banda sonora y sus connotaciones lésbicas. Junto a las grandes interpretaciones de los protagonistas y la tensión que inunda todo el film, el espectador puede ver a David Bowie en su quizá mejor interpretación cinematográfica, y una aparición estelar de Bauhaus, un destacado grupo de rock gótico, cantando al inicio el tema *Bela Lugosi's Dead*.

BESOS DE VAMPIRO
Vampire's Kiss (1988)

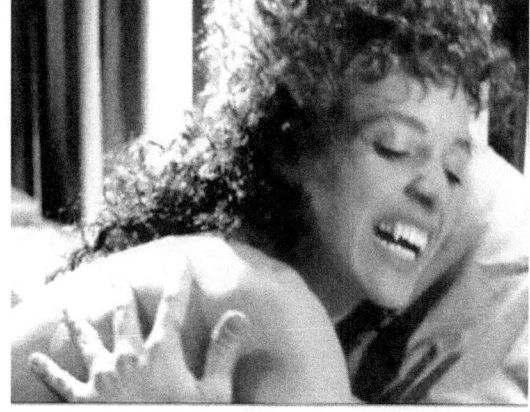

Director: Robert Bierman

Intérpretes:
NICOLAS CAGE: Peter Loew
MARIA CONCHITA ALONSO
JENNIFER VELAS: Rachel
ELIZABETH ASHLEY: Dra. Glaser

Peter Loew parece un yuppie soltero típico. De día es un ejecutivo de una seria publicación, por las tardes consulta con su psiquiatra la Dra. Glaser, y de noche ronda las calles de Nueva York, reposando en las barras de los bares en busca de una compañera. Una tarde, Peter y Jackie acuden al apartamento de él después de una noche saciada en alcohol. Después todo se complica y cuando Peter despierta se encuentra desconcertado por los extraños acontecimientos. Poco después conoce a Rachel, quien le advierte de unas mordeduras en su cuello, lo que parece ser le hace más atractivo sensualmente.

Esta historia presagiaba una buena película, aunque se queda en poco menos que un esbozo. No obstante entretenida, especialmente por la presencia de actores ahora populares, la mezcla de situaciones tragicómicas con las del más tradicional horror, consiguen, al menos, que podamos considerar que hemos pasado un rato entretenido. Pudiera ser que el director, Robert Bierman, no consiguiera definir sus pretensiones, algo que se percibe en la falta de consistencia, logrando incluso que nos aburramos algo en los comienzos.

SANGRE FRESCA
Innocent Blood 1992

Director: John Landis

Intérpretes:
ANNE PARILLAUD: Marie
ANTHONY LAPAGLIA: Joe Gennaro

ROBERT LOGGIA: Sal Macelli.

Podía haber sido una de las vampiras más sexys, pero se nos terminó atragantando con su empeño en matar a toda la chusma y especialmente a su jefe Logia. Entretanto, el buen policía LaPaglia intenta deducir qué está pasando y para ello se acuesta con la ella, suponemos que para interrogarla y cachearla a fondo.

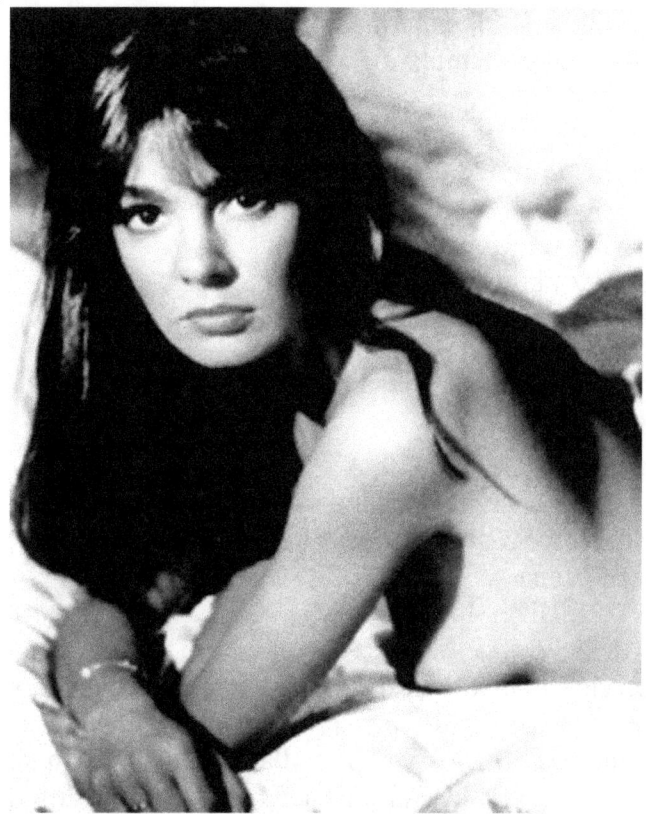

Landis nos proporciona algunas sorpresas, y como de costumbre hay cameos de Dario Argento, Michael Ritchie y Sam Raimi. En realidad se trata de un intento fallido para contarnos una aventura de vampiros femeninos, cuya trama se nos llega a hacer pesada desde las primeras secuencias. Nuestra chupadora de sangre no es tan poderosa como sus homólogos masculinos y tiene que soportar más de una paliza antes de poder hincar el colmillo en sus víctimas. Con el fin de no tener remordimientos busca dejar sin gota de sangre a mafiosos, violadores y demás alimañas humanas, usándose ella misma como cebo en varias ocasiones.

La francesa Anne Parillaud, a quien ya vimos en Nikita, se empeña inútilmente en convencernos de que es una chica dura, pero dada su apariencia frágil es difícil que nos la tomemos en serio. Ni siquiera el experto John Landis es capaz en esta ocasión de hacernos temblar.

LA REINA DE LOS CONDENADOS
Queen of the dammed (2002)

Director: Michael Rymer
Guión: Scott Abbott y Michael Petroni
Basada en la novela "Las crónicas vampíricas" de Anne Rice.
Música: Richard Gibbs y Jonathan H. Davis.
Fotografía: Ian Baker.

Intérpretes:
STUART TOWNSEND: Lestat de Lioncourt
MARGUERITE MOREAU: Jeese Reeves
AALIYAH: Reina Akasha
VINCENT PEREZ: Marius

Su sed de vida la hizo agresiva, mientras que la fama la sedujo tanto como el ansia de poder, volviéndola peligrosa. Hay también un legendario vampiro llamado Lestat, quien ha despertado tras largas décadas de letargo, con la determinación de saltar a la luz y confundirse con los mortales. Para ello adopta la figura de una estrella del rock y esa música llega incluso a oídos de la adormecida Reina Akasha, en ese momento descansando en su cripta del hielo ártico.

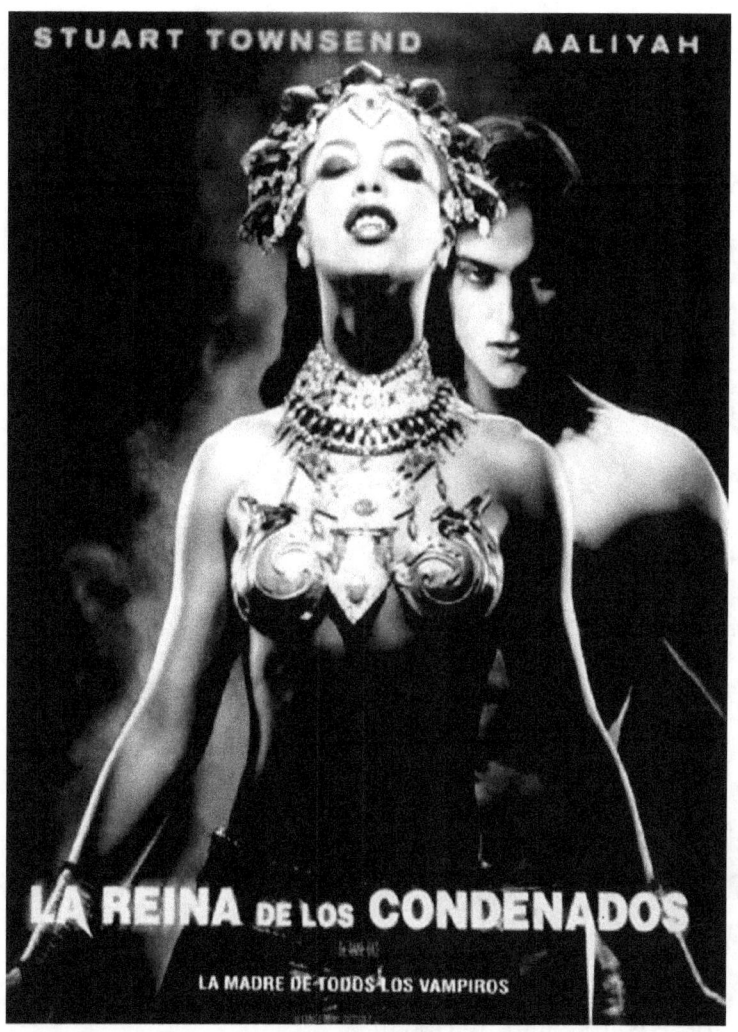

En esta ocasión el argumento parecía correcto, como corresponde a una novela popular, pero a nuestro juicio es difícil encontrar un filme de vampiros tan mediocre y soporífero. Ni hay terror y ni siquiera intriga o suspense. Por si fuera poco, a la actriz que encarna a la supuesta malvada vampira no sabemos quién la enseñó a interpretar, pero seguro que no acudió nunca a clase. Su pase fulgurante al vídeo, tras el fracaso en taquilla, confirmó nuestras sospechas.

PELÍCULAS DE VAMPIROS HISPANAS

DRÁCULA: CONDEMOR II
(1997)

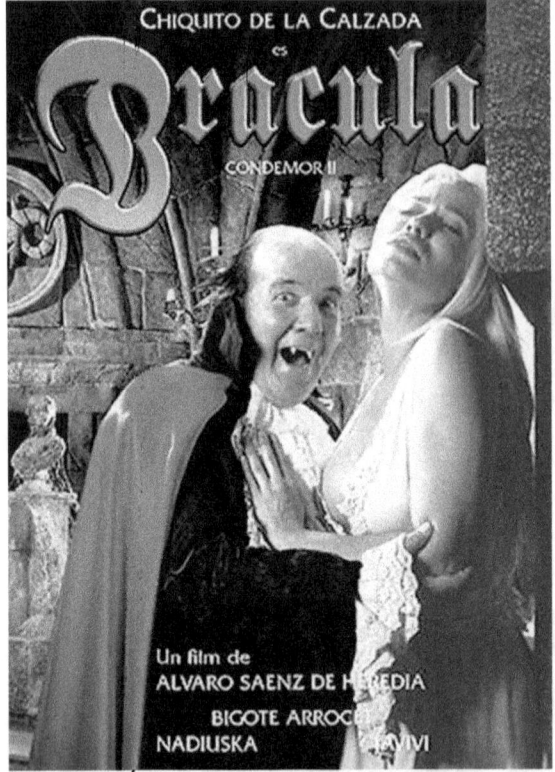

Director: Álvaro Sáenz de Heredia

Intérpretes:
CHIQUITO DE LA CALZADA
BIGOTE ARROCER
NADIUSKA

La insólita historia, parodia del western y el cine de vampiros, nos habla de Condemor y Lucas, quienes deciden abandonar los conflictivos pueblos americanos plagados de pistoleros y embarcarse rumbo a Europa. Sin embargo, el viaje no es tan placentero como se predecía, pues uno de los pasajeros es mordido por un vampiro, a lo que se suma una tormenta que hace naufragar el barco, terminando todos en una isla desierta, donde Condemor es confundido nada menos que con Drácula.

Lo más insólito del filme, además del argumento, es que constituyó un éxito de taquilla que asombró a todos, incluso a los críticos.

CEREMONIA SANGRIENTA
The Legend of Blood Castle, Ritual of Blood (1973)

Director: Jorge Grau
Guión: Grau, Juan Tebar, y Syro Continenza
Director de Fotografía: Fernyo Arribas (Color/Scope)
Música: Carlo Savina

Intérpretes:
LUCIA BOSE: Erzebeth Bathory
KARL ZIEMMER: Karl
EWA AULIN: Miriam

EL CONDE DRÁCULA
Count Dracula, Vampyr (1971)

Director: Jesús Franco
Guión: Franco y Augusto Finochi
Fotografía: Manuel Merino
Música: Bruno Nicolai

Intérpretes:
CHRISTOPHER LEE: Drácula
HERBERT LOM: Van Helsing
KLAUS KINSKI: Renfield
TERESA GIMPERA

EMMA COHEN

DRÁCULA CONTRA FRANKENSTEIN
The Screaming Dead, Dracula, Prisonnier de Frankenstein (1972)

Guión y Dirección: Jesús Franco
Fotografía: José Climent
Música: Daniel White y Bruno Nicolai

Intérpretes:
HOWARD VERNON: Drácula
DENNIS PRICE: Dr. Frankenstein
ANNE LIBERT: Josiane Gibert
MARY FRANCIS

El director:
JESÚS FRANCO

Este madrileño, autor de 191 películas es, como tantos otros, un profeta en tierra ajena, hasta el punto en que en los buenos videoclubes norteamericanos se pueden encontrar al menos 80 de sus películas. Emigrante durante la dictadura del general Franco, sigue fiel a sus principios de no rechazar ninguna propuesta, lo que le ha permitido rodar seis películas al año.

Filmografía esencial:
Cries in the nicght (2003), Incubus (2002), Killer Barbas vs. Dracula (2002), Vampire Junction (2001), Vampire blues (1999), Bésame monstruo (1967), El caso de las dos bellezas (1967), Necronomicón (1967), Miss muerte (1965), La mano de un hombre muerto (1962), Gritos en la noche (1961)

EL GRAN AMOR DEL CONDE DRÁCULA
(1972)

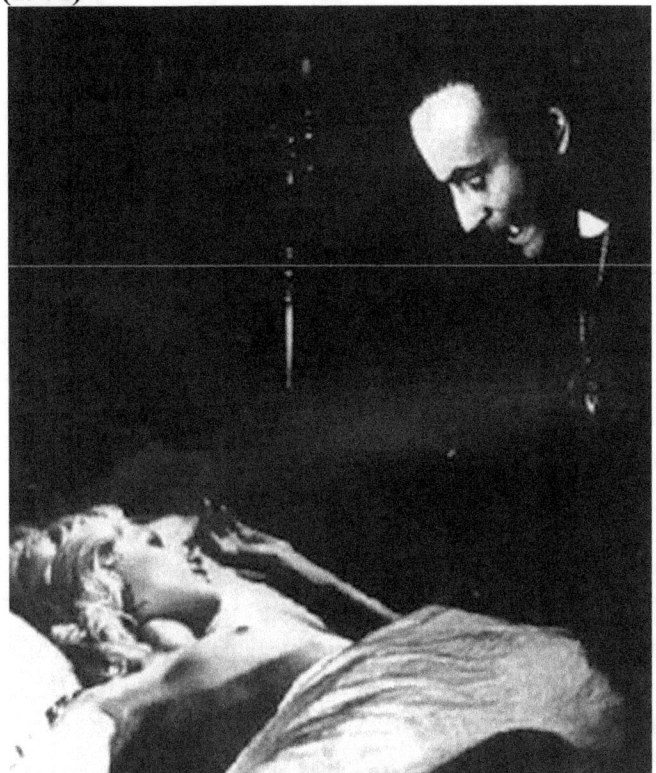

Director: Javier Aguirre

Intérpretes:
PAUL NASCHY
HAYDEE POLITOFF
ROSANA YANNI

No es ciertamente esta la mejor película de nuestro actor Paul Naschy, pero dada su gran filmografía en el género de terror hemos escogido una cualquiera de ellas, ya que para muestra basta un botón. A pesar de su gran habilidad para soportar toda clase de maquillajes horrendos, el erotismo creciente de sus personajes femeninos y el uso y abuso de todos los personajes más míticos del cine de terror, las películas de Paul Naschy fueron mostradas inicialmente como de serie B. Años después, los expertos mundiales en el cine de terror le han reconocido su gran valía y ya figura con honor en los manuales de cine más populares. Tristemente, no fue su país natal, España, quien le otorgó la categoría de maestro del cine de terror, sino Hollywood, lugar en donde es ya una leyenda.

El actor:
PAUL NASCY

Jacinto Molina Haydée era un niño durante la Guerra Civil Española, en la que su padre se salvó de ser fusilado después de que su propio hermanastro le denunciase. Durante el resto de la guerra, la familia permaneció en Burgos, volviendo a Madrid años después, lugar en donde comienza a aficionarse al cine. Entusiasmado por el filme *Frankenstein y el Hombre Lobo*, intenta introducirse en un género que apenas es considerado y por el cual ninguna productora manifiesta interés. Mientras tanto, estudia arquitectura en Madrid y se entrena como levantador de pesos, llegando a ser campeón de España en 1958, éxito que le permite trabajar como extra en filmes como *Rey de Reyes*, filmada en España.

Desilusionado por no encontrar un camino adecuado, decide llevar a la pantalla sus propios guiones, e incluso ser él mismo el intérprete. El personaje elegido es el hombre-lobo, pero consciente que con su propio nombre hispano no traspasaría las fronteras, se lo cambia por el más anglosajón de Paul Naschy. Y así, pronto le vemos interpretando al licántropo Waldemar Daninsky en *la Marca del Hombre Lobo* (1967). Con diferentes secuelas del mismo personaje, comienza ya una sólida carrera centrada en el género de terror, tanto como guionista, como siendo director o actor. Para la mayoría, la película más destacada de su carrera es *la Noche de Walpurgis* (1970), precisamente la que le ha convertido en un actor de culto no sólo en España, sino en el resto del mundo.

Filmografía esencial:
La furia del hombre lobo (1970), La noche de los Walpurgis (1970), El gran amor del conde Drácula (1972), El retorno del hombre lobo (1981), La bestia y la espada mágica (1983), El aullido del diablo ((1988), Horror en el museo de cera (1990), Hambre mortal (1996), Licántropo (1996), Los resucitados (1997), School Killer (2001).

EL EXTRAÑO AMOR DE LOS VAMPIROS
The Strange Love of the Vampires, Night of the Walking Dead 1975

Director: Leon Klimovsky
Guión: Juan José Daza, Carlos Pumares, y Juan José Porto
Fotografía: Miguel Mila

Intérpretes:
EMMA COHEN
CARLOS BALLESTEROS
VICKY LUZÓN
MARI PAZ CONDAL

MALENKA, LA SOBRINA DEL VAMPIRO
The Niece of the Vampire, Malenka the Vampire (1968)

Guión y dirección: Amando de Osorio
Fotografía: Fulvio Testi
Música: Carlo Savina

Intérpretes:
ANITA EKBERG: Silvia/Malenka
JOHN HAMILTON
DIANE LORYS
JULIÁN UGARTE

LA SAGA DE LOS DRÁCULA
The Saga of the Dráculas (1972)

Director: Leon Klimovsky
Guión: Erika Zsell y Lazarus Kaplan
Fotografía: Francisco Sanchez

Intérpretes:
HELGA LINÉ
TINA SÁENZ
TONY ISBERT
NARCISCO IBÁÑEZ-MENTA: Drácula

OTRAS PELÍCULAS SOBRE VAMPIROS

Estos son algunos títulos de autores hispanos que abordaron con cierta fortuna el mito del vampirismo y que les sirvió para que su nombre, al menos, figurase ya en todos los tratados sobre cine de terror. Algunos ejemplos de ello los tenemos en Paul Naschy, Jesús Franco y León Klimovsky. También México logró cierto éxito comercial con sus películas de vampiros, e incluso incorporó a Drácula junto a personajes populares, como fue el caso de El Santo, aunque en su momento tuvieron un problema legal por la autoría de este personaje (¿recuerdan a "Simón Templar", protagonizado por Roger Moore?).

SANTO Y BLUE DEMON CONTRA DRÁCULA Y EL HOMBRE LOBO
SANTO EN EL TESORO DE DRÁCULA, etc. etc.

Entre las películas mexicanas más destacadas están:

LAS VAMPIRAS (The Vampire Girls-1968). Dirigida por: Federico Curiel. Guión: Adolfo Torres Portillo, Curiel. Fotografía: Alfredo Uribe. Música: Gustavo César Carreón. **Intérpretes:** John Carradine, Mil Mascaras, María Dubal, Martha Romero, Maura Monti.

EL VAMPIRO (The Vampiro-1956). Dirigida por: Fernando Méndez. Guión: H. Rodríguez y Ramón Obón. Fotografía: Rosario Solano. Música: Gustavo C. Carrión. **Intérpretes:** German Robles (Count Lavud/Duval), Ariadna Welter, Abel Salazar, July Danery, Joseph Chavez, Amado Zumaya. Mercedes Soler.

EL VAMPIRO AECHECA (The Lurking Vampiro-1962). Guión basado en una historia de William Irish. **Intérpretes:** Germán Robles, Abel Salazar.

EL VAMPIRO SANGRIENTO (The Bloody Vampire, El Conde Frankenhausen-1962). Dirigida por: Miguel Morayta. Fotografía: Raúl M. Solares. Música: Luis Hernández Bretón. **Intérpretes:** Carlos Agostí (Conde), Begoña Palacios (Inés), Raúl Farell (Ricardo), Antonio Raxell, E. Martha Bauman (Condesa).

Igualmente, Italia se incorporó al carro de los vampiros y directores como Mario Bava y Dario Argento hicieron diversas películas de terror cuyos resultados financieros fueron más óptimos de lo previsto por sus detractores.
Y tratando de encontrar nuevos cauces que aportaran novedades basadas en la novela de Bram Stoker, podemos encontrar (haciendo un brevísimo recorrido) a "DRÁCULA NEGRO (Drácula)" de William Crain; "EL REGRESO DE LOS VAMPIROS VIVIENTES" de George Romero, y "NOSFERATU PRINCIPE DE LAS TINIEBLAS" con Klaus Kinski como el vampiro.

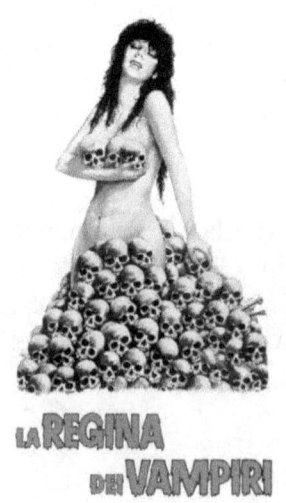

También vimos parodias cómicas que tuvieron gran éxito, como es el caso de "AMOR AL PRIMER MORDISCO" de Stan Dragoti y con Susan Saint James como el amor del vampiro; "TRANSYLVANIA 6,5000" protagonizada por un entonces desconocido Jeff Goldblum; "VAMPIRA" con un insólito David Niven como vampiro; "UN VAMPIRO PARA DOS" con Fernando Fernán Gómez y Gracita Morales, y "DRÁCULA, UN MUERTO MUY CONTENTO Y FELIZ" con Leslie Nielsen y dirigida por Mel Brooks. También hay que destacar "MORDISCOS PELIGROSOS", especialmente porque trabaja un jovencísimo Jim Carrey, así como "BUFFY, LA MATA VAMPIROS", inspirada en una popular serie de televisión, e interpretada por Donald Sutherland.

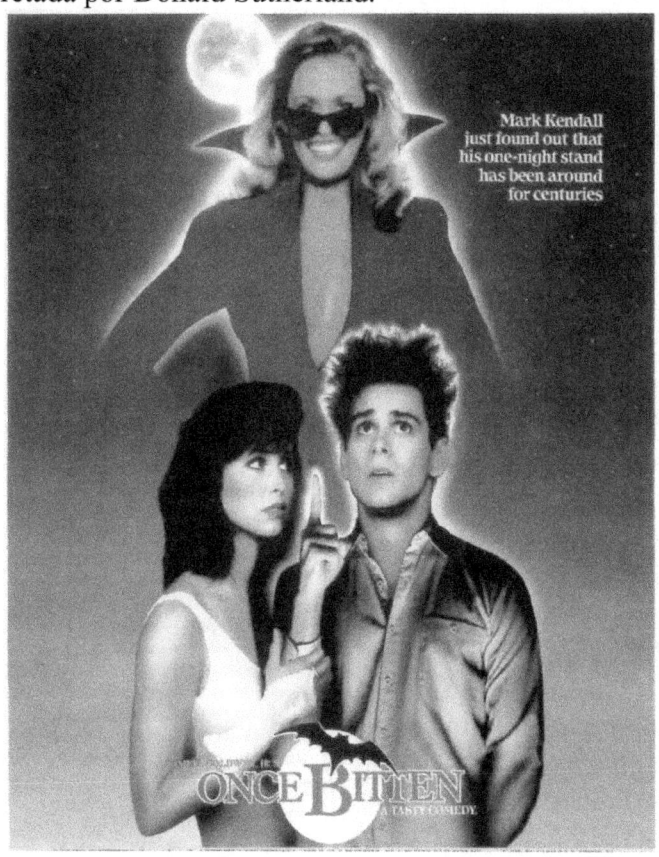

Películas por año:

The Secrets of House No 5 (1912)
The Vampire (1913)
Les Vampires (1915)
A Night of Horror (1916)
A Village Vampire (1916)
Alraune (1918)
Lilith And Ly (1919)
Dracula (1920)
Drakula (1921)
The Great London Mystery (1920)
London After Midnight (1927)
Nosferatu, Eine Symphonie des Garuens - (1922)
The Vampires of Warsaw (1925)
The Unholy Love (1928)
Alraune (1930)
Dracula (1931)
Dracula (1931)
Vampyr (1931)
Mark of the Vampire (1935)
Condemned to Live (1935)
Dracula's Daughter (1936)
The Macabre Trunk (1936)
Dakki, The Vampire (1936)
Jaws of the Jungle (1936)
The Return of Dr.X (1939)
The Devil Bat (1940)
Spooks Run Wild (1941)
Dead Men Walk (1943)
Son of Dracula (1943)
Gandy Goose in Ghosttown (1944)
Return of the Vampire (1944)
House of Frankenstein (1944)
Valley of the Zombies (1945)

Isle of the Dead (1945)
Crime Doctor's Courage (1945)
House of Dracula (1945)
Le Vampire (1945)

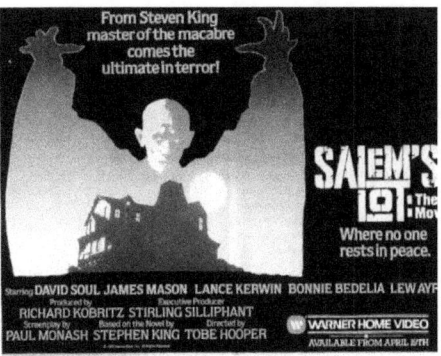

The Vampire's Ghost (1945)
Devil Bat's Daughter (1946)
Face of Marble (1946)
Les Vampires (1947)

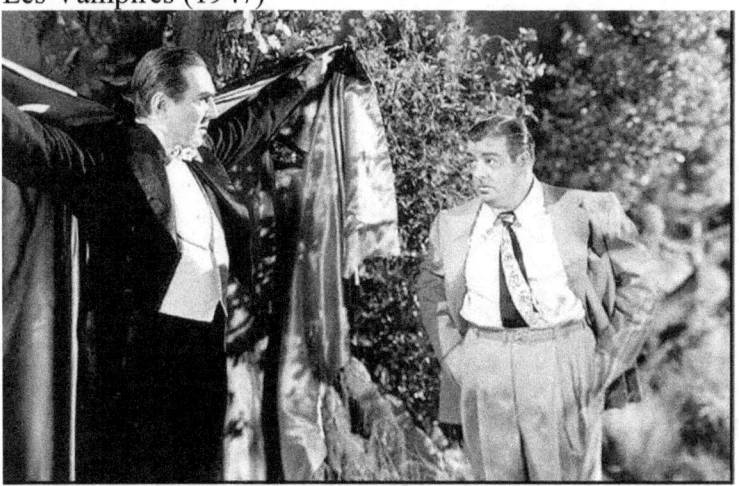

Abbott and Costello Meet Frankenstein (1949)
La Traite du Vampire (1951)
The Thing From Another World (1951)
Batula - puppet movie (1952)
Alraune (1952)

Dracula in Istanbul (1953)
The Bowery Boys Meet The Monsters (1954)
Plan 9 From Outer Space (1956)
The Vampire Moth (1956)
Not of This Earth (1957)
Old Mother Riley Meets the Vampire (1957)
Blood of Dracula (1957)
I Vampiri (1957)
The Vampire (1957)
Space Ship Sappy - Three Stooges (1957)
Pontianak (1957)
Dendam Pontianak (1957)
Daughter of Dr.Jekyll (1957)
The Vampire's Coffin (1958)
Sumpah Pontianak (1958)
El Castillo de los Monstruos (1958)
Anak Pontianak (1958)
The Blood of the Vampire (1958)
The Horror of Dracula (1958)
The Return of Dracula (1958)
It! The Terror from Beyond Space (1958)
The First Man in Space (1958)
Curse of the Undead (1959)
Pawns of Satan (1959)
Uncle Was a Vampire (1959)
Vampire Man (1959)
Brides of Dracula (1960)
Black Sunday (1960)
Ahkea Kkots (the Bad Flower) (1961)
Blood and Roses (1961)
Kiss of the Vampire (1962)
Pontianaka Kembali (1963)
Los Vampiros del Oeste (1963)
Black Sabbath (1963)
Pontianak Gua Musang (1964)
Batman Dracula (1964)

Dracula (1964)
The Devils of Darkness (1965)
Blood Thirst (1965)
Dr. Terror's House of Horrors (1965)
Un Vampiro para Dos (1965)
Best of Dark Shadows (1965)
Dracula - Prince of Darkness (1965)
Munster, Go Home ! (1966)
Dr. Terror's Gallery of Horrors (1966)
Blood Fiend (1966)
The Blood Drinkers (1966)
Blood Bath (1966)
Billy the Kid versus Dracula (1966)
The Fearless Vampire Killers (1967)
Batman Fights Dracula (1967)
Dracula Has Risen From The Grave (1968)
The Blood of Dracula's Castle (1969)
Dracula vs. Frankenstein (1969)
Countess Dracula (1970)
Count Yorga, Vampire (1970)
The Vampire Lovers (1970)
Drácula 71 (1970)
The Return of Count Yorga (1971)
Twins of Evil (1971)
Daughters of Darkness (1971)
Cake of Blood (1972)
Blacula (1972)
The Saga of the Draculas (1972)
Dracula A.D., 1972 (1972)
The Daughter of Dracula (1972)
Captain Kronos: Vampire Hunter (1972)
Blood (1973)
The Satanic Rites of Dracula (1973)
Scream Blacula, Scream (1973)
Blood Couple (1973)
Blood for Dracula (1974)

Sisters of Satan (1975)
Old Dracula (1975)
In Search of Dracula (1976)
Rabid (1977)
Halloween with the Addams Family (1977)
Bram Stoker's Original Dracula (1978)
Nocturna (1978)
Vlad Tepes (1978)
Dracula's Dog (1978)
Dracula (1979)
Nosferatu the Vampyre (1979)
Love at First Bite (1979)
Salem's Lot (1979)
Dracula's Last Rites (1980)
The Black Room (1981)
Buenas Noches, Senior Monstruo (1982)
La Belle Captive (1983)
The Hunger (1983)
Bloodsuckers from Outer Space (1984)
Fright Night (1985)
Once Bitten (1985)
Transylvania 6-5000 (1985)
Life Force (1985)
Vampire Hunter D (1985)
Vamp (1986)
Graveyard Shift (1986)
Anemia (1986)
The Lost Boys (1987)
Near Dark (1987)
Dracula's Widow (1988)
Because The Dawn (1988)
Waxwork (1988)
Beverly Hills Vamp (1988)
Carmilla (1989)
Fright Night II (1989)
The Lost Platoon (1989)

Pale Blood (1989)
To Die For (1989)
Vampire's Kiss (1989)
Howling VI (1990)
Red Blooded American Girl (1990)
Daughter of Darkness (1990)
Streets (1990)
Valerie (1991)
Witchcraft III : The Kiss Of Death (1991)
Too Die For II : Son of Darkness (1991)
Vampire Trailer Park (1991)
To Sleep with a Vampire (1992)
Bram Stoker's Dracula (1992)
Buffy the Vampire Slayer (1992)
Chronos (1992)
Dracula Rising (1992)
Innocent Blood (1992)
Sleepwalkers (1992)
Interview with the Vampire (1995)
From Dusk Till Dawn (1996)
Bordello Of Blood (1996)

CREPÚSCULO

Twilight está dirigida por Catherine Hardwicke basada en la de Stephenie Meyer. Es una historia de amor narrada por su protagonista Bella Swan
Interpretada por Kristen Stewart, se rodó en Washington y Oregón.
En agosto de 2009, la película alcanzó 392.616.625 dólares de recaudación en salas de cine de todo el mundo y otros 163.714.021 dólares en ventas de DVD, sumando un total de más de 550 millones de dólares.

CREPÚSCULO (2008)
LUNA NUEVA (2009)
ECLIPSE (2010)
AMANECER 1 (2011)
AMANECER 2 (2012)

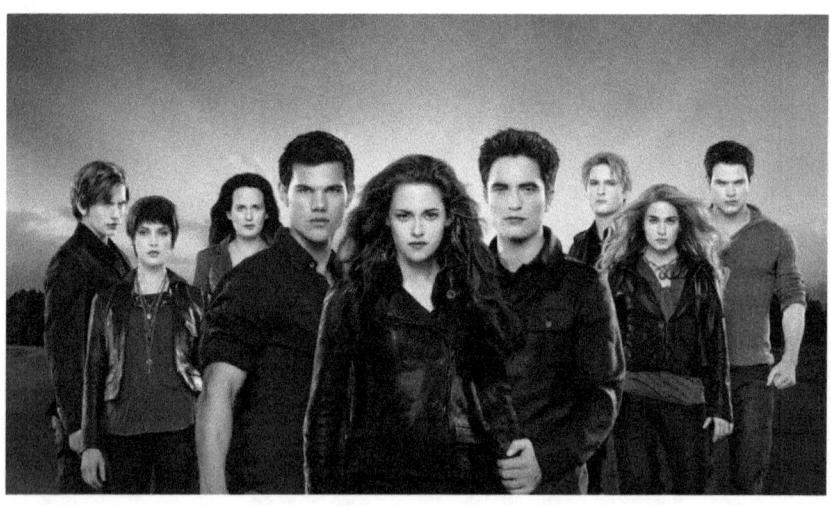

ABRAHAM LINCOLN: CAZADOR DE VAMPIROS

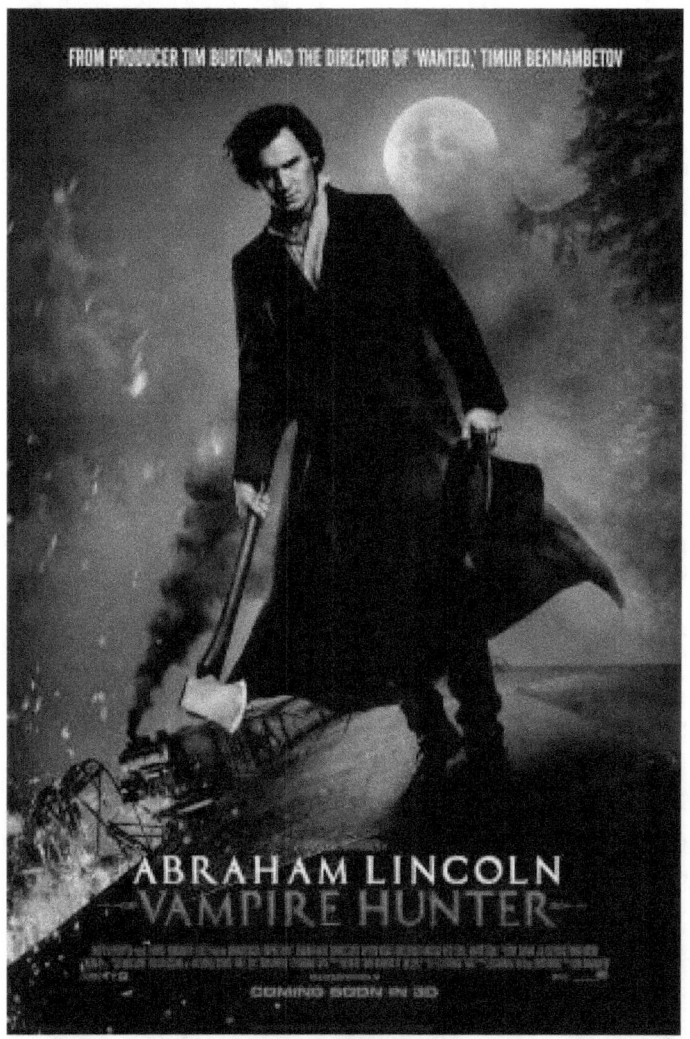

Intérpretes:
Benjamin Walker
Mary Elizabeth Winstead
Dominic Cooper

30 DÍAS DE OSCURIDAD
(30 Days of Night)

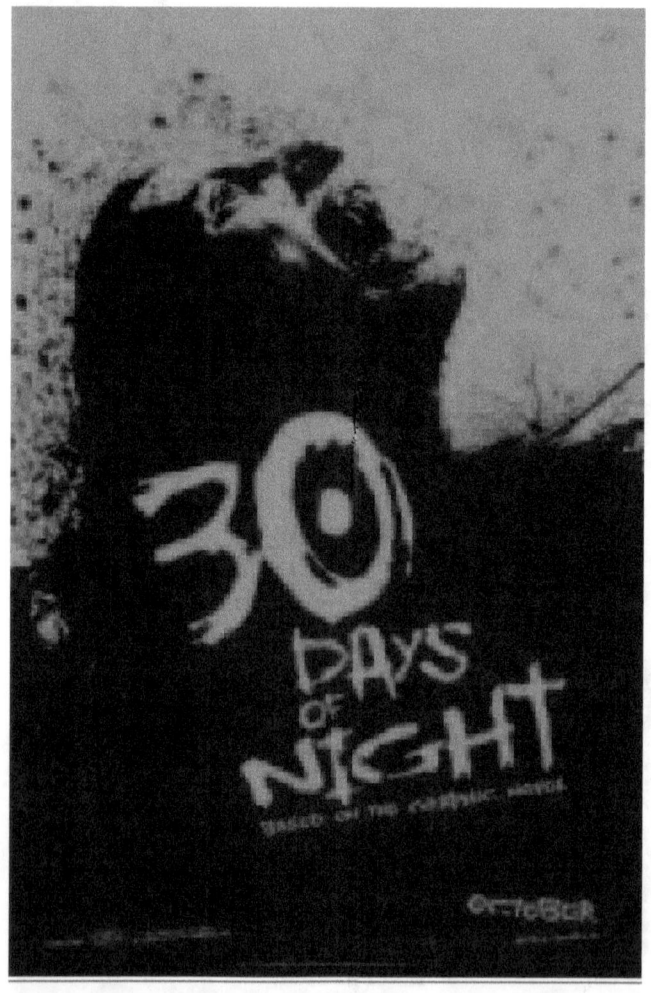

Dirigida por: David Slade
Intérpretes:
John Hartnett
Melissa George

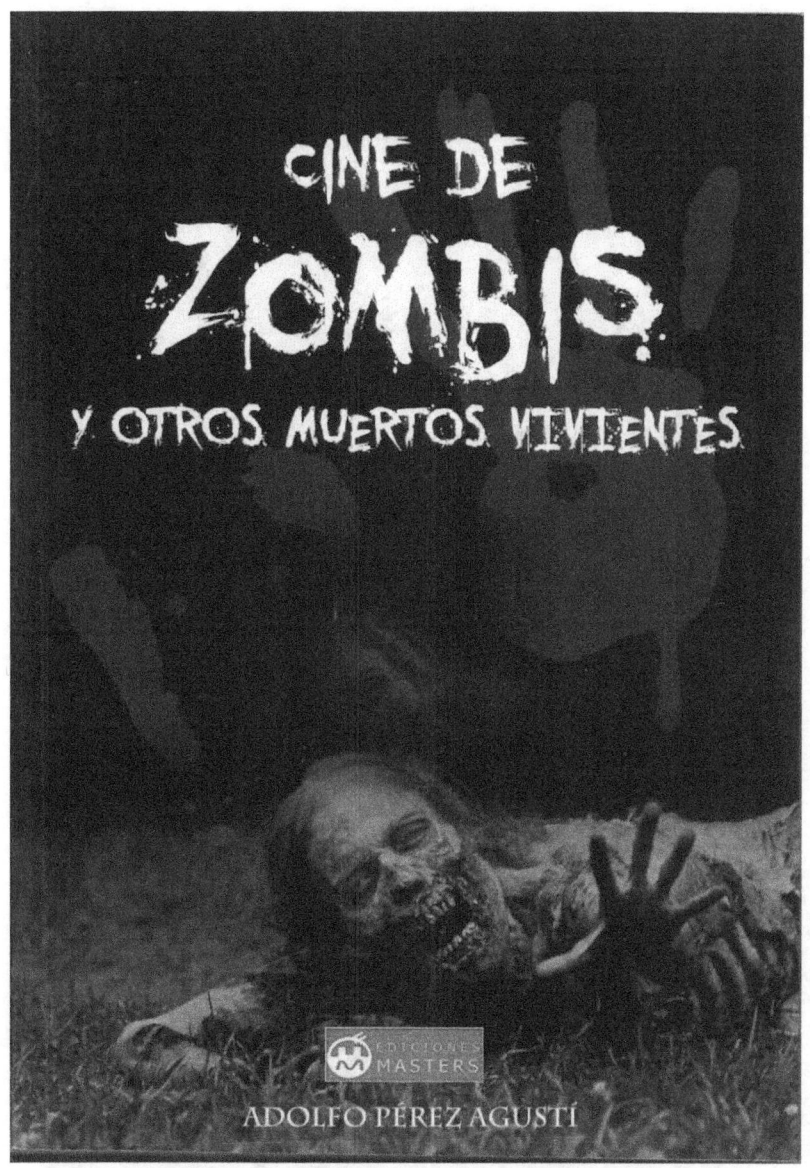

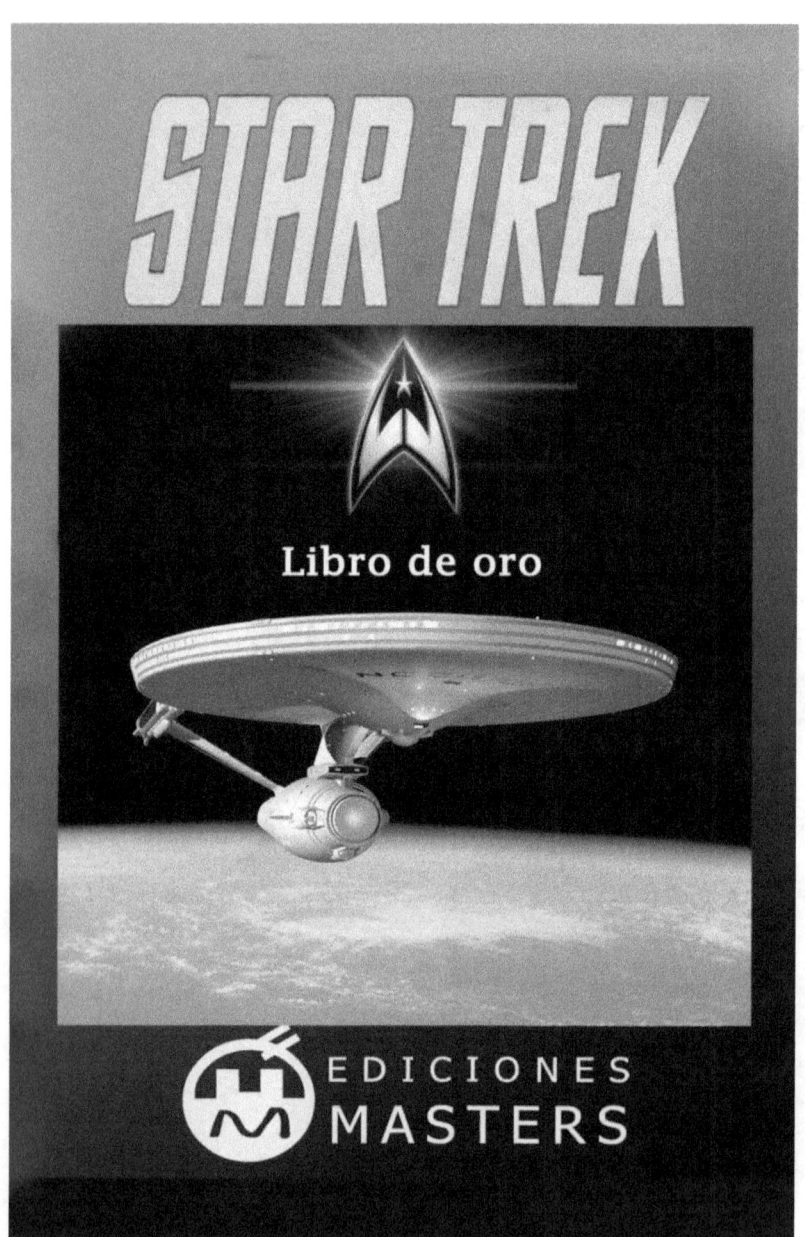

STAR TREK

Libro de oro

EDICIONES MASTERS

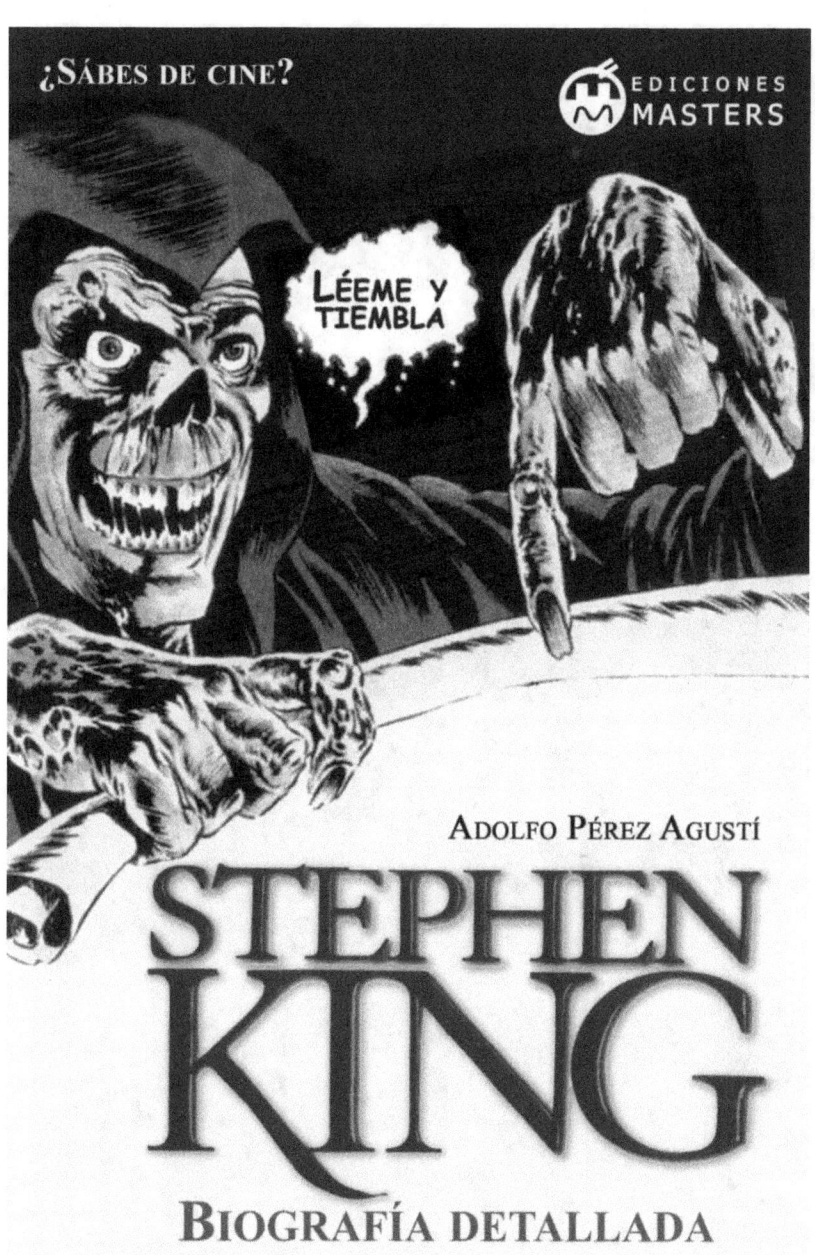

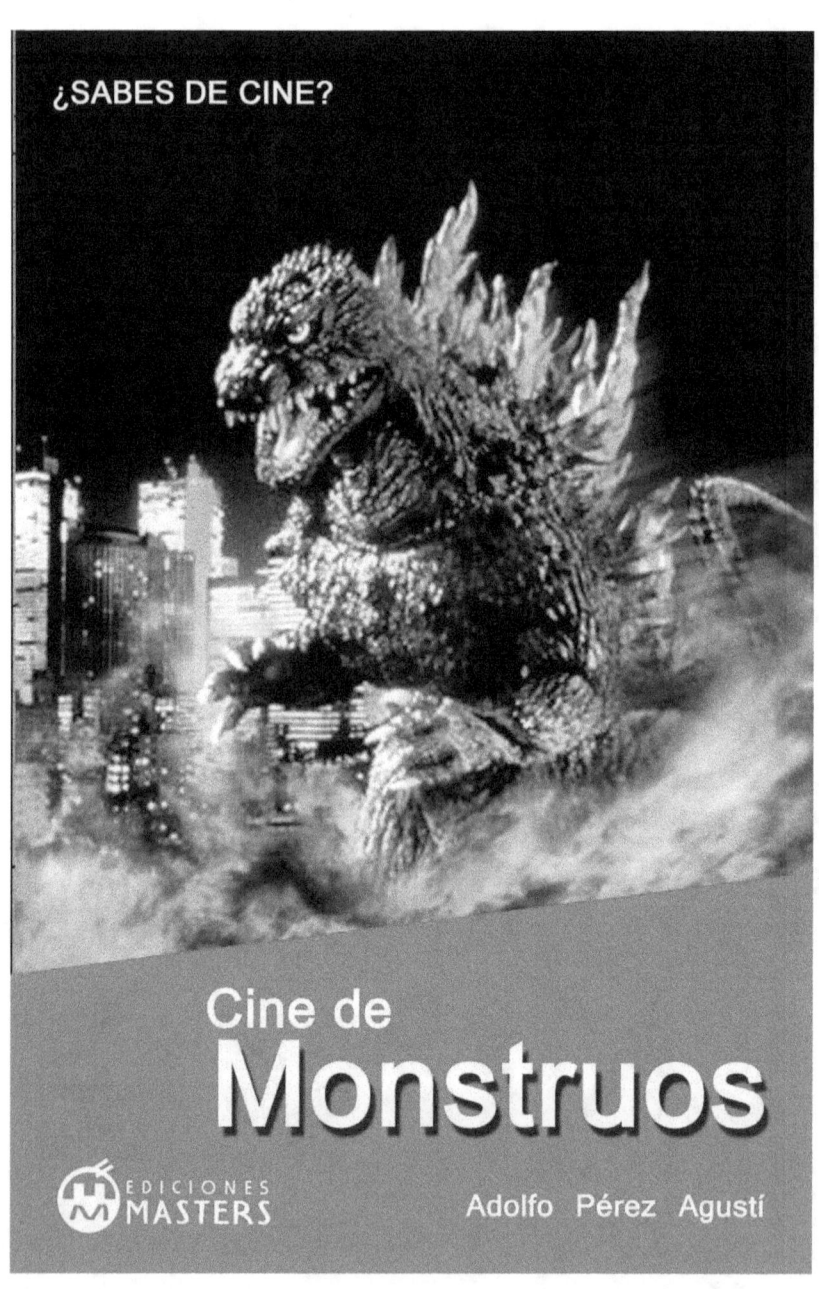

¿SABES DE CINE?

Cine de
Monstruos

EDICIONES
MASTERS

Adolfo Pérez Agustí

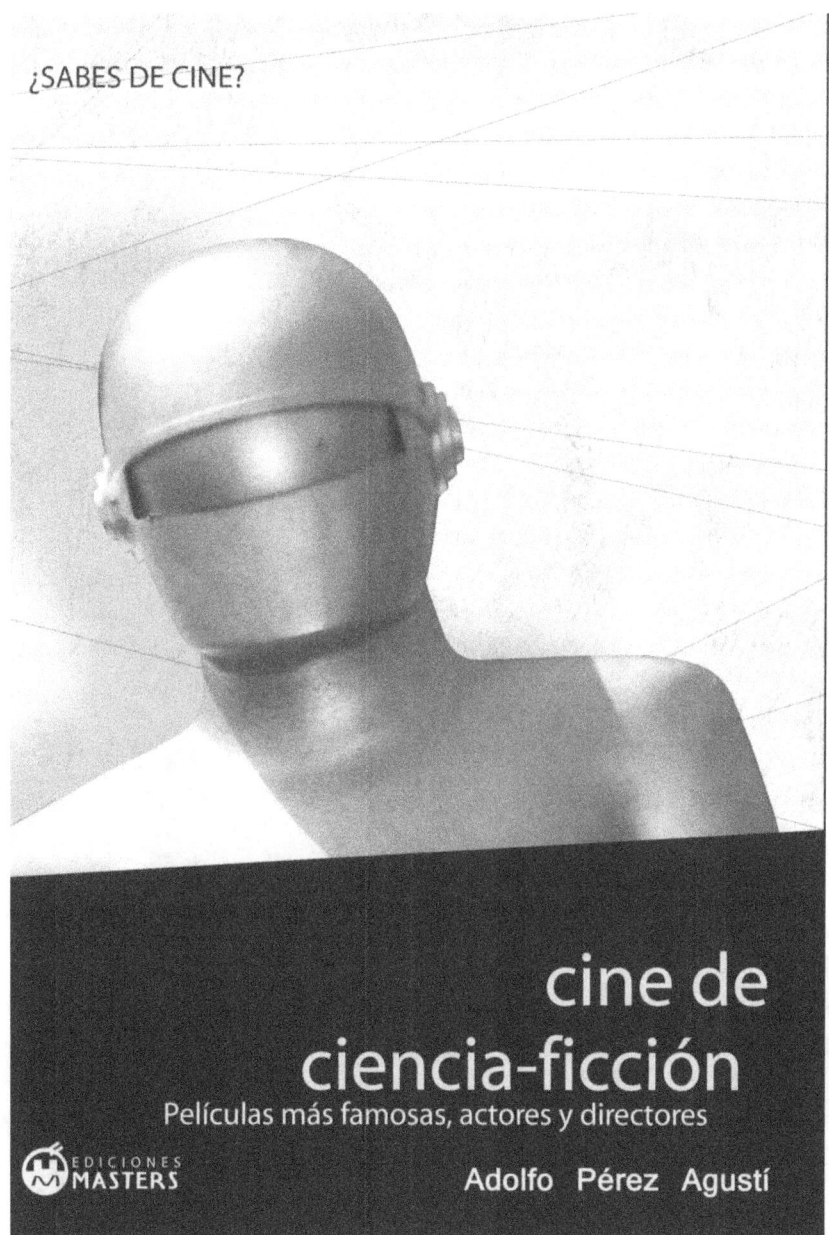

cine de
ciencia-ficción
Películas más famosas, actores y directores

EDICIONES
MASTERS

Adolfo Pérez Agustí

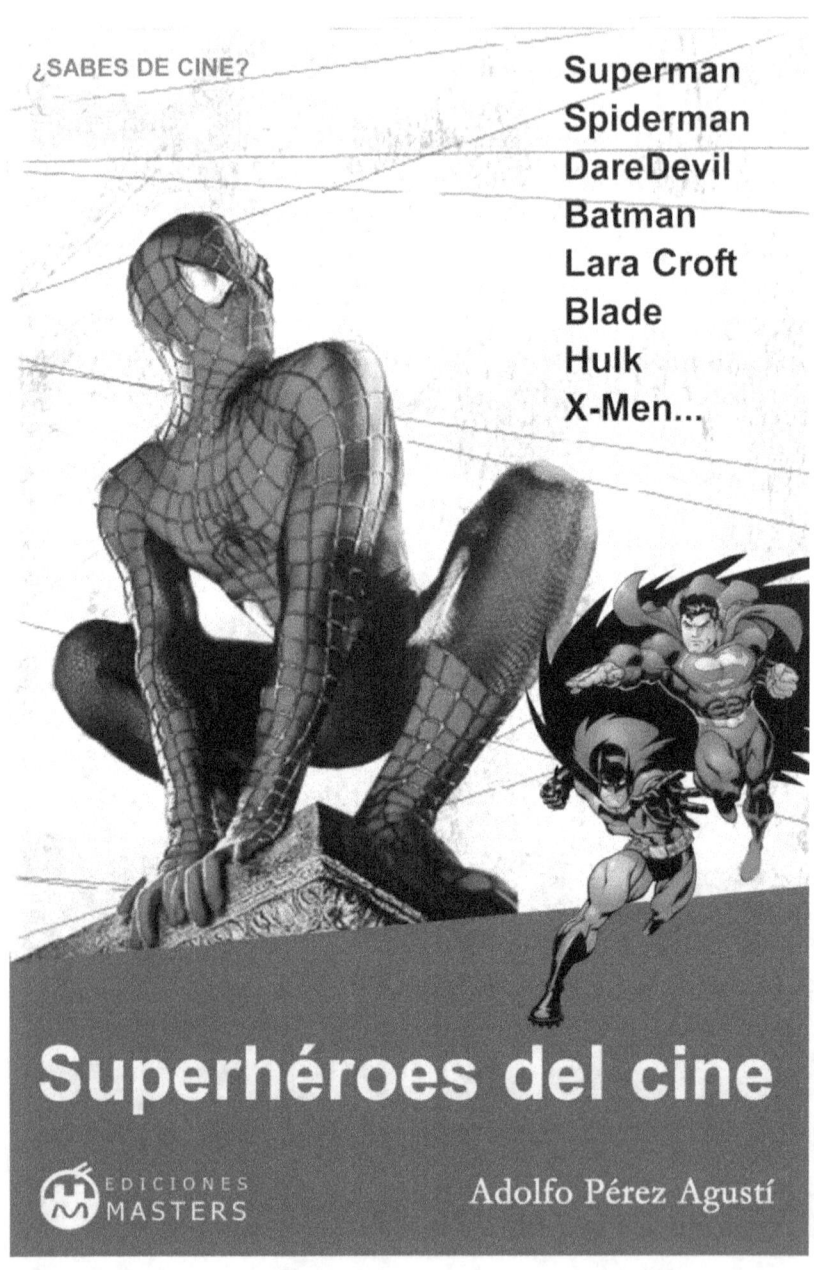

¿SABES DE CINE?

Superman
Spiderman
DareDevil
Batman
Lara Croft
Blade
Hulk
X-Men...

Superhéroes del cine

EDICIONES
MASTERS

Adolfo Pérez Agustí